ちくま新書

よく生きる

岩田靖夫
Iwata Yasuo

564

ジョルジュ・ド・ラ・トゥール作「大工の聖ヨセフと少年イエス」
（ルーブル美術館所蔵作品［1640年頃制作］のラ・トゥール工房での模作、ブザンソン、市立美術・考古学博物館蔵）

よく生きる【目次】

はじめに

「よく生きる」。これは、ソクラテスが古代アテネの裁判所で死刑の判決を受け牢獄に収容されていた時に、旧友のクリトンが「無実の罪なのだから逃亡すべきだ」と脱獄をすすめにきた時に、語られた言葉です。ソクラテスが言うには、私たちは長いあいだ哲学してきたが、その哲学の原則は「もっとも大切にしなければならないことは、生きることではなくて、善く生きることである」(『クリトン』四八B)というのではなかったか、と。ただ生きること、なにがなんでも生にしがみつくこと、なんの理想も意味づけもなしに、動物のように生存欲のままに生きつづけることが人間の生なのであろうか。それとも「人間の生」は「人間らしい生」でなければならず、それが「善く生きる」ということではないのか。目前に迫った死刑執行という切迫した時間の中で、ソクラテスはクリトンを相手に「人間にとってのこの究極の問い」を再度問うのです。

ソクラテスの弟子の端くれと思い込んでいる私は、この小著で、この問いに正面から取り組みました。以下に展開する私の論点は、次の四点です。

幸福とは第一に、自己実現です。人間はまず、自分自身の力で、やりたいことをやって生きなければなりません。それが、「人間が自由で自律的な存在者である」ということの基本的な意味です。それだから、自分で自分を支えられないような人生、他人に命令されるがままの奴隷的な人生であってはなりません。

アリストテレスは、「幸福とは各人の卓越性（アレテー）に即した生命の活動である」と規定しましたが、卓越性とは、人間の印である道徳性を本質としながら、それと同時に、各人に天与の優れた能力を指しています。すなわち、幸福とは、道徳的に優れていることを核としながら、各人が素質的に持っている優れた能力を、可能な限り十全に発揮することだというのです。人間の存在が根本的に自分自身の存在の維持拡張である以上、この思想に異議を唱えることは誰にもできないでしょう。

しかし各人が自己実現に励む社会は、必然的に競争社会になります。たしかに、人間は競争することによって能力を向上させ、文明を発展させ、社会を活性化させます。だから、学問的にせよ、経済的にせよ、政治的にせよ、能力を自由に発揮させ、競争させることが、人類の進歩のためには必要でしょう。しかし他方、人間には生まれつきのゆえに、あるいは生存条件のゆえに能力上の差異がありますから、競争社会には、否応なしに勝者と敗者が生れます。どれほど社会福祉政策を徹底して社会的格差の減少に努めても、能力の差異がある以上、社会の階層的構造がなくなることはないのです。

そこで、あらためて、人は何のために生きているのか、を問わなければならなくなります。私の考えの第二点は、自己実現は人間が生きるための条件であって、その意味ではないという点にあります。人の本当の喜びは、実は自己実現のうちにあるのではなくて、他者との交わりのうちにあるのです。

他者とは自分の自由にできない者、自分のうちに取り込めない者、自分を否定しうる者、そういう意味で無限に高い者です。そういう他者に対しては、私は一方的に善意を捧げ、ひたすら仕えることができるだけです。もし私が他者に命令し、暴力を振るい、服従させて、他者を支配下においたならば、そこには、すでに他者は存在せず、肥大化したエゴイズムが置き去りにされているだけなのです。

私がエゴイストとして暴力を振るう時、その瞬間に、他者は退去します。どこへ。「存在のかなた」へ。それだから、私の善意の奉献に他者が応答してくれたとき、この応答は想像を絶する喜びをもたらすのです。なぜなら、私が自由にできない者、私が自分のうちに取り込めない者、私が支配できない者が、かれの自由の深淵から私に善意を贈ってくれたからなのです。それは奇蹟です。それが愛であり、交わりです。愛は、強者が力で獲得するものではなく、弱者が祈りながら待つものなのです。

さて、人は自己を実現して自分の存在を確保し、他者との交わりによって愛の喜びを味わっても、挫折、病気、老化、死という関門が待ち構えています。この問題について本格的な態度を持ちえなければ、真の安らぎには至りえないでしょう。それが第三の論点、すなわち宗教の問題です。

この問題は一言でいえば、私たちと私たちの存在の根源、言い換えれば、宇宙のすべての存在者の根源との関わりの問題です。この根源は、人類の中で、存在、神、絶対者、道、天、空、無、ヤーヴェ、仏、アラー、ブラフマンなどなど、いろいろな名前で呼ばれてきました。要するに、私たち個々の存在者はこの根源から送り出され、死を通してこの根源へと帰るのです。

このとき、この根源を善意に満ちた親と考え、優しい親元へと帰るのだと信じることができれば、私たちには安らぎが生れるでしょう。それはすべての存在者を生み出した根源ですから、そこでは自分と他者の区別が意味をなさなくなるでしょう。それが自他不二の世界であり、絶対者の懐に抱かれて万人が肯定される世界です。

ところで宗教的人間は、一般に特定の宗教に献身していますが、人類の歴史を血まみれにした宗教戦争の惨禍を乗り越えるためには、各人が自己絶対化を捨てなければならないでしょう。多文化共存が人類共生の不可避の前提となった現代においては、それゆえ、すべての偉大な宗教がそれぞれ異なる道を通って共通の根源へと向かっていると考えるべきであり、各人は自己の宗教に献身しながらも、同時に他の宗教から学ぶという姿勢をもたなければならないでしょう。普遍的な霊性が肝要なのです。

そして最後に、第四点として、社会の問題があります。人間は本性的に社会の中で生きる存在者ですから、どのような社会を作るかは人間の幸福にとって死活の問題です。人類は、おしなべて初めは王制から社会を作り始め、やがて貴族制へと移行し、それらの劣化した形態である独裁制、寡頭制を経て、現在ではデモクラシーを最良の社会形態として是認しつつあります。これは、すべての人間が自由で平等な存在者ですから、誰か特定の人間や種族が、支配権力を独占することは許されないという認識にもとづいて成立した社会構造なのです。

この原理にもとづいて、統治構造の問題、経済活動の問題、福祉制度の問題、一言で言えば正義の問題についてさまざまな工夫がこらされていますが、自由と平等はもはや揺らぐことのない人間社会の究極理念です。この理念は、やがて、民族という生物的な枠に囚われていた人類を世界市民へと解放し、国境のない自由で平和な世界へと私たちを導きうるでしょう。それは、現在では夢のまた夢ですが、哲学はユートピアを語らなければならないのです。

第一章

幸福

「ソクラテス」
(前340年頃にアッティカで制作された作品のローマ時代のコピー、ローマ国立美術館蔵)

1　生きる

日本国政府が福沢諭吉を一万円札の顔写真にしたことは、やはり政府のその衝に当たる人が、福沢諭吉という人物をとても偉いと考えていることをあらわしています。ところで福沢諭吉は、ご承知のように、近代日本をつくったもっとも偉大な人間の一人です。それで、一万円札の顔になっていると考えていいわけです。

かれは、九州の今の大分県にあたる中津藩というところの、足軽よりちょっと上の下級武士の息子として、幕末の頃に生まれました。幕末には、いや徳川時代には、いつでもそうだったのですが、日本の社会は士農工商という階級制度で出来ていました。侍が一番偉くて、その次が百姓で、その次が職人で、一番下が商人です。さらに、その下に非人という階層があり、かれらは人間扱いされなかった。世界を見れば、このような構造は日本だけではありませんが、とにかく、わが日本国はこういう強固な階級社会だったのです。

その馬鹿らしさというものを福沢諭吉は中津で育ちながら非常に強く感じたわけです。重箱にいろんな料理を詰めるように、身動きが出来ないようにぎゅっと詰めこんでしまう。それと同じように、足軽に生まれた子は足軽、家老に生まれた子は家老、どんなに阿呆でも家老に生まれた子は家老になる。どんなに頭が良くて元気がよくても、足軽に生まれた子は一生足軽です。こういう社会だった。

その馬鹿らしさについては、『福翁自伝』の中にいろんな話があります。『福翁自伝』とは、お爺さんになった福沢諭吉が口述した自叙伝です。これが日本の伝記文学の最高傑作の一つで、一生の間に一度はぜひ読んでおく価値があると私は思っているのです。この本の特色は、合理主義とはどういうものかが実によく分かるという点です。明治の初めにこういう合理主義者が出てきたというのは、非常に感動的であると言えます。

この中に一つ、こういう話があります。福沢が子供の頃、家の中を駆け回っていて、なにか知らないで紙を踏んづけたことがありました。すると、お兄さんがものすごく怒って、「何だ」というわけです。その紙には上役の名前が書いてあったのです。家老か何かの名前が。とにかく「偉い上役の名前を踏んづけるとは何事だ。あやまれ」というので、福沢はあやまらされた。しかし心の中では、「何と馬鹿らしい」。上役の頭を踏んづけたわけではない。知らないで紙の上に書いてある名前を踏んづけただけで、いろいろかしこまって「申し訳ありません」って言わなければならないというのは、なんという馬鹿らしさか、と。

この福沢諭吉という人はおもしろい人で、お稲荷《いなり》さんのご神体は何かと祠《ほこら》を開けてみたというのです。そしたら、石があった。なんだ、みんな石を拝んでいるんだ。そこで、その石を放り出して、別の石を置いといたというのです。すると、みんなはお神酒《みき》などをあげてワイワイやっている。「俺の置いた石を拝んでいる」。

とにかく、この人は迷信が大嫌いで、年寄りなどが神罰が当たるなどと言って、人々を脅かすのは大嘘だということを自分で証明しようとして、神社のお札をわざわざ汚水溜に棄てて、罰が当たるかどうか試してみたというのです。しばらくは気持が悪かったらしいが、罰は当たらなかったそうです。

福沢とはそういう人。日本古来の風習や学問が大嫌いで、蘭学という学問をやりました。その頃、日本は鎖国していて、オランダを通してしかヨーロッパとは交わっていなかったから、オランダからしか西洋の学問が入って来なかった。その蘭学を学んでなんとか広い世界に出たいと思っていたのです。そして、長崎や大坂や江戸でたくさん勉強して、最後に、徳川幕府が倒れる直前に、幕府の船に乗ってアメリカに行きました。それからヨーロッパも見て帰ってきました。だから、その当時としては本当の留学をした人なのです。

福沢がアメリカとヨーロッパを見て感心したことは、科学技術ではなかった。その頃は電気とか蒸気機関車とかが出来ていて、ヨーロッパやアメリカでそういうものは使われていたのですが、福沢は蘭学をやっていたから、オランダの本を読んで科学技術は知っていました。理屈が分かっていれば、こういうものはすぐ誰にでも出来る。そういうことも分かっていたのです。現在でいえば自動車だとかコンピューターだとか、一時、日本が専売特許のように売り物にしていても、韓国や中国にすぐ追いつかれてしまう。もう追い越されてしまったかもしれません。科学技術とはそういうものです。

福沢が驚いたのは何かというと、言論の自由というものがあることでした。皆が言いたい放題を言っている。階級制度がない。もちろん現実としては、たとえばイギリスにはひどい階級制度があります。しかし理想として、あるいは考え方として、自分の人生は自分が作り自分で生きるんだと欧米の人は考える。他人がどう生きていようと、そういうことに別に左右されないで、自分の人生は自分で作るんだと、アメリカやヨーロッパの人間が考えて生きているのに福沢は驚いたのです。

それは職人も百姓も大臣も、皆同じ人間だという平等の意識を持っているということです。人間とは他人の命令によって生きるのではなくて、自分の人生は自分が責任を持って生きるのだということです。福沢はそれを見て、これは大変だと思った。日本人はあまりにも遅れている。そういう意識を持って帰ってきて、それで日本で『学問のすすめ』という本を書いた。この本の文章は擬古文と現代文の中間ぐらいのものですから、今の日本語とちょっと違っていますが、そんなに難しくはありません。かれは現代の平易な口語体日本語を始めた人の一人だといってもいいでしょう。この本は明治の七年ぐらいに出た本です。明治政府が出来てすぐです。

ついでに言っておくと、福沢という人は根っからの平民志向の人です。日本で最初に欧米に留学した人の一人ですから、明治政府は官吏として重用しようとして何度も招いたのですが、絶対政府には入らなかった。一生涯民間人として、位《くらい》のない人間として徹底した。慶応大学をつくった人ですが、自分は官の側につかないで、民の側について、平民の立場で啓蒙運動をするのだという姿勢に徹したのです。この『学問のすすめ』は、その福沢の啓蒙運動の最初の仕事だったと言ってよいでしょう。

これは当時の超ベストセラー。そのころの日本は人口三〇〇〇万人ほどでしたが、正本が二〇万部出たそうです。わざわざ正本と断るのは、そのころは著作権という思想がほとんどないから、黙って勝手にどんどん海賊版をいろんな人が出したらしい。その海賊版がどのくらい出たかわかりません。

この本は一七篇の小さな論文が集まって出来ているのですが、その一編ずつが二〇万部ずつ正本で売れているというのですから、あわせると三四〇万部ということになります。海賊版を入れたら、どのくらい出たのか見当もつきません。

この本が、有名な「天は人の上に人をつくらず。人の下に人をつくらず」という言葉で始まっています。この本の中には、禁裏様（天皇陛下のこと）も、お公家さんも、百姓も、飴売りも、皆同じ人間だと書いてあります。だから、明治の初めの頃の数年というのは、日本歴史の中でも、とても自由な時代だったということがわかります。天皇制イデオロギーというものが出来たのはずっと後の、明治の中頃から終わりにかけてです。福沢は随分命を狙われて危ない思いもしています。この『学問のすすめ』を出したあとも、しばしば殺すぞという脅迫状は来ていたのですが、福沢も用心したのでしょうが、とにかく殺されないで済んだことは、日本のために幸せなことでした。

さて、この本の主旨に入りますが、福沢は、日本人は実に情けないと繰り返し言っています。政府のことを日本人は「お上」と言う。「お上」というのは明治の人間が言い始めたのではなくて、徳川時代もそうだし、鎌倉時代もそうだし、日本人はいつも支配者を「お上」と言って、恐れおののいて、「お上」の命令のままに生きていたのです。福沢が言うには、そのために日本人はかえって私事では嘘をついたり、ずるく立ち回ったりする人が多い。人が見ていなければ、どんな悪いことでもするというような悪い習性を身に付けた、と。まあ、これは日本人をもしかしたら悪く言い過ぎているかもしれません。私は、福沢諭吉の本を読んでいると、罵詈《ばり》雑言《ぞうごん》の天才だなあと感嘆する。ものすごいレトリックです。

そこで話を元にもどすと、福沢は、それは逆なんだ、それではダメなんだと言います。日本人は千数百年、権力政治のもとに生きてきて、それで、そういう奴隷根性を身に付けてしまったのだ、と。

では、「ダメ」とは、どういうことを言いたいのか。大事なことは、別に役人とか大臣とかいう人間が偉いのではなくて、偉いのは法律なのだということです。大臣とか役人とかいう者は法律の執行者です。法律が大事で尊いからわれわれは法律に従うのであって、別に大臣や役人に従っているのではありません。その法律とはどこから出てきたかというと、別に大臣や役人がその大本ではなくて、われわれ民衆が法律の源泉なのです。そのことが分からないから、いつも権力者を怖れて、「お上」とか何とか言うわけです。

福沢が持ち込んだこの思想は、欧米では社会契約説というのです。社会契約説とは、一七世紀イギリスの哲学者ジョン・ロックが言い出した思想です。その当時の英国ではひどい専制政治が行なわれていて、王権神授説などという理論が幅を利《き》かせていました。王権神授説というのは、王様の権力は神様から由来しているという思想ですが、そういうような阿呆《あほ》らしい思想が王権を支えるために横行していたのです。この王権神授説の代表者はフィルマーという大地主です。この王権神授説を打倒するためにジョン・ロックは社会契約説を唱えたのです。

ロックの議論は、人間はみな神の被造物だから平等だというものです。これは非常に単純明快で、飴屋でも百姓でも魚屋でも八百屋でも王様でも学者でもみな神の被造物だ、だから平等だ。「天は人の上に人をつくらず、人の下に人をつくらず」とは、このことを言っています。では、国家というものがどうして出来たのでしょうか。それは、大勢の人間が集まって秩序を保つために、一人ひとりの人間が自分の権力を放棄して、その権力を集団に委ねたからなのです。

各人が自分の権力あるいは武力を持って、自力で悪を征伐するというのでは、リンチの横行になって共同体の秩序が保たれないから、合意により政府というものを創り、一人ひとりの人間がみな自分の権力を政府に委ねて、国家が出来たのです。だから政府の持っている権力は、もともとはすべて民衆の権力です。民衆の権力の代行者が王様です。社会契約説とはこういう思想ですが、福沢はこの思想を学んで、びっくりして「そうか、これなんだ」。それを日本に持ち帰って『学問のすすめ』という本を書いたのです。

では、『学問のすすめ』とはどういう意味でしょうか。人間がなぜ奴隷根性で生きているかというと、無知だからです。今話したような社会契約説とか、その根本にある人間理解とか、そういうことをしっかり理解していれば、そんなにいつもビクビク生きている必要はありません。ひそかにずるがしこく立ち回らなくとも、公明正大に、権力がおかしければ政府の首をすげ替えて、堂々と生きることができる。しかし、法律というものが尊いから、自分自身は人が見ていても見ていなくても、きちんと生きる。権力を恐れずに、しかし自分としてはきちんと生きるためには、学問をして知識を持たなければならない。ものごとの道理を知らなければ、人間は自主独立の人間になれない。このことが『学問のすすめ』という表題の意味なのです。

もう一つ、日本人の奴隷根性について福沢諭吉が書いている話のうちで、福沢自身が実験してみた面白い例があります。あるとき、福沢が侍の格好をして、腰に大小二本をさして、横柄な振りをして町を歩いたら、みな土下座するかのようにはいつくばって、お辞儀して、ヘイヘイと通り過ぎた。その同じ道を、別の日に、今度は百姓の格好をして歩いたのだそうです。手拭いかぶって、腰をかがめて、汚い格好して。そしたら、行き会う人がみな福沢を突き飛ばさんばかりに無視して、横柄に歩いてゆくというのです。誰一人道を譲る人もいないし、お辞儀をする人もいないし、丁寧に挨拶する人もいない。なんと情けない民族か、と福沢は言っています。これは、『福翁自伝』の中にある話です。

さらに、世の中でもっとも哀れな人間は奥女中だ、と福沢は言います。奥女中とは何かというと、大名だとか殿様だとか王様だとか——現代ならば大金持ちだとか——そういう人たちは妾をたくさん持っています。その妾の群れを奥女中と言うのです。ヨーロッパ式の言い方でいうと後宮の美女です。なぜ、かの女らがもっとも不幸かというと、かの女らには自分自身の人生がないからなのです。ただ殿様の気に入られることだけが、かの女らの人生です。どうしたら殿様に気に入られるかというのだって、まあ殿様の気分次第です。

だから、何をしていいのか、何をして悪いのかも分からない。ただ毎日お化粧なんかして、殿様の機嫌が自分の方に向いてくれるのを待っている。そういう人間たちです。だから、かの女らはお互いに仲間の足を引っ張ることしか考えない。互いに嫉妬して仲間を引きずり降ろそうとするだけ。奥女中のいるところは「奥」というのですが、「奥」では毒殺がしばしば行なわれたらしい。人間が一番哀れになると、そんなふうな状態になってしまいます。

福沢は何を言いたいのでしょうか。人間はみな自由で、自主独立の人生をつくらなければいけないと言いたいのです。みなが自由だという意識を持たなければいけない。これは役人も王様も八百屋も魚屋も、みな同じなのです。役人や王様というのは、福沢の言い方をそのまま言うと、八百屋や魚屋から与えられた権力を代行しているにすぎない。権力を持っている偉い人々は名もなき庶民から与えられた権力を代行しているのです。そういう自覚を、みなが持たなければいけないと福沢は言っています。

みながそれぞれ自分の仕事をして、お互いに補い合っているのです。だから、役人が特に別格の仕事をしているわけではありません。むしろ逆に、役人の仕事というのは、お百姓さんとか漁師さんとか、魚屋さんとか八百屋さんとか、そういう民衆の仕事があって初めて成り立つ二次的な仕事なのです。そう福沢は言っています。

たとえば、碁打ちは一所懸命、碁を打っています。なかなか大変な仕事です。エネルギーを使って、どこまでも厳しく美しく知力の勝負に己を賭ける。それから、野球選手はどんな球が来ても安打が打てるように、心身を鍛錬しつづける。数学者は方程式を作って一所懸命難問を解こうとしているし、税務署の役人はどうしたら公平にもれなく税金を取れるか一所懸命考えているでしょう。八百屋さんならば、どのように品物を並べ、どんな値段を付ければお客さんを呼び込めるか、日夜工夫を凝らしているでしょう。皆、課題に応じて自由に、やりたいことをやっています。それでいいのです。悪いことでなければ何をやってもいいのです。何をやっても上下の別はないと考えなければいけない、と福沢はこの本に書いています。

さて、福沢の話はここでおしまいにして、ここから哲学の話をするのですが、だから生きるということは、基本的に皆やりたいことをするということです。今流行の言葉でいえば、「自己実現」が生きるということです。それが自由であるということ、あるいは、人間が自律しているということです。自律とは自分で自分を律しているということですから、人に言われたとおりに、命令されたとおりに生きるのではなくて、自分の人生は自分で取り仕切るということを意味します。何をしてもよいけれど、自分のしたことには自分で責任を取るのだという意識を持って生きなければいけません。

この経験は、幕末に欧米に行って福沢が受けた大きなショックですが、今でもわれわれが受けうるショックです。欧米の人間は、自分の人生は自分で生きるのだという、よい意味での個人主義を非常に強く持っています。人がどう生きていようと、それは人の事で、人がこういうふうに生きてるからその人の真似をしなければいけないとか、皆がこうやって生きてるからこういうふうに生きなければいけないとか、そういう考え方をしないのです。その点は、日本人と大きく違います。だから、欧米人は余計なお節介をしません。日本人は余計なお節介をしすぎます。まわりの人に対して。

それでは、かれらは冷たいかというと、そうではなくて、ヨーロッパでは、黙っている限りは手助けも何もしてはもらえませんが、「助けてくれ」と言うと、皆が一所懸命助けてくれる。そういう社会です。要するに、自分の考えとか、生き方とか、困ってることとか、そういうことを発信しなければダメだという社会なのです。その代わり、黙っているかぎり、他人の人生には介入しない。まあ、本当にその方がいいのかどうかは問題ですが、日本人はほとんどものを言わないで、何となくお互いに助け合ったり邪魔し合ったりしてるような生き方をしています。これも、日本人の優しさの表れとしていいのかもしれませんが、とにかく日本人は、一人ひとりがもっと自主独立の個人という意識をもたなければいけないでしょう。

それで、哲学の話に入りますが、基本的人権がきわめて重要なことがらとして語られています。では、基本的人権とは何を言っているのか。人間の自己実現のための条件を言っているのです。基本的人権が目的なのではなくて、それは自己実現のための条件のことなのです。基本的人権とは何かというと、たとえば、思想信仰の自由とか、言論の自由とか、居住移動の自由とか、企業の自由とか、結社の自由とかです。

結社とはグループをつくることです。グループをつくる自由というのだって大変なことです。もう六〇年くらい前の戦争中は、下手にグループなどつくったら、すぐ警察がやって来て取り調べられてしまうというような、そういう恐ろしい全体主義の社会でした。わが日本国も、ナチスドイツも、ソヴィエト連邦も。居住移動の自由とは、何処へでも行きたい所に行っていい、何処でも住みたい所に住んでいいということですが、これもなかなか大変なことです。現在でも、この自由がない国があるでしょう。さらに、選挙とか教育とかに関するいわゆる公民権は、みな基本的人権のうちに入ります。

こういうものは全部、人間各自が一人ひとりの自己実現を可能にするために守られなければならない条件という意味で、立てられています。もちろん、自分が自己実現するだけではなくて、他人もみな自己実現を目指している自由な存在者ですから、他人の自由を決して妨害してはなりません。自分が自由であるということと、他人を強制してはいけないということは、同じ一つの事柄の表と裏です。人を強制することは、それ自体、人の自由の否定ですから。

では、この自己実現とはどういうことかを、もう少し深く考えてみましょう。それは、人間が持って生まれた能力を十分に発揮するということです。自分で自分の人生の目的を理性的に立てて、その目的に向かって努力するということです。ここに理性的という言葉をどうして入れなければいけないのでしょうか。理性的というのは、自分の能力とか、自分の生まれ育った環境とか、自分に課せられた人生のいろいろな条件を十分に考えて、実現可能な目的を立てなければいけないという意味です。夢みたいなことを考えてもだめだということです。

ですから、もちろん、なんの目的も立てないで、その日暮らしでブラブラ生きてるなんていうのは話になりません。これは本来の人間の生とは言えないわけです。人間の生とは、しっかり自分で自分の人生の目的を立てて、それに向かって努力するということです。これが人間の生にふさわしい自己実現ですが、この思想のいちばん源《みなもと》までずっと遡《さかのぼ》っていくと、アリストテレスにまで行き着くのです。

アリストテレスは本当に偉大な哲学者です。アリストテレスは、デモクラシーという現代ではまったく常識になった、人間のあるべき社会体制の理論的基礎を考えた人です。そういう意味では現代社会の基《もとい》を定めた人なのです。そのアリストテレスが、「幸福とは何か」という問いに対して、「アレテーに即した生命の活動だ」と言ったのです。

アレテー(aretê)とは、ギリシア語で「徳」を意味します。英語のvirtueです。しかし、もとの意味は「卓越性」です。どうしてそれが道徳的な徳という意味になったかというと、人間におけるいちばん卓越した特徴は道徳であるという思想がだんだん出来てきて、アレテーが徳という意味になったのです。

しかし、このギリシア語のいちばん大本の意味では、これはホメロスとかヘシオドスとか、ずっと古いギリシアの文学に出てくるアレテーですが、足が速いとか、見目麗《みめうるわ》しいとか、無敵であるとか、歌が上手だとか、ある人間が持っている自然的な卓越した能力のことを言ったのです。どんな人でも何らかのアレテーを持っているから、そのアレテーを十分に活動させるということ、それが幸福なのだという含蓄が、アリストテレスの幸福の定義のうちに残響として響いています。道徳的な徳を核としながら、卓越した自然的能力を活動させる、それが「自己実現」としての幸福です。

さて、ここまでが私の言いたいことの半分です。今まで私が言って来たことは、福沢に則って、人間が生きるということは自己実現であるということです。自己実現とは自分が持って生まれた能力を、可能な限り十分に発展させて生きていくということです。こういうことをずっと言ってきたわけですが、これは半分です。あとの半分にこれから入るのですが、ここでもう一つダメ押しをしておく必要があります。それは人間の生が自己実現であるということには、別段なんの理由もないということです。それはそうなのだと言うほかはない。

自己実現とは何かというと、人間が自分の存在を維持すること、維持して、拡大して、強くなろうとすることなのです。生きるということは根本的に自分の存在を維持しようとすることなのです。当たり前のことです。しかし、それは、実は根本的にエゴイズムなのだと言わなければなりません。ここのところが大事です。自由な社会、それは自己実現の社会です。それは必然的に競争社会になる。皆が自分の存在を強くしようとして頑張り合うのです。

そして、人間には能力の差というものがあるから、自由な社会では、つまり自己実現の社会では、必然的に勝者と敗者が生まれてくる。入学試験や入社試験は競争社会を象徴する関門ですが、誰かが試験に勝ったということは、どこかに負けた人がいるということです。そうなると、福沢が非難した身分とか社会の階層などというものは、実は無くしようがないのではないか、形を変えていつでも存続しているのではないか、と考えなければならなくなってきます。

そういう点では、福沢はまだ単純だったと言ってよいでしょう。もちろん、人間がつくり出した不合理とか差別とかいうものは、撤廃しなければいけないし、可能な限り撤廃する努力をしているわけです。しかし生まれつきの能力の違いは、決して消去することが出来ません。誰もあからさまに口に出しはしないけれど、心の奥底では「この不公平をどうしてくれる」という怨念《おんねん》を押さえ込んでいるのです。だから、「この不公平が人間社会である」ということである限り、階層的構造は決してなくならないのです。社会の階層的構造というのは、この競争社会の仕組みとある意味で同じことなのです。

この点を少し丁寧に説明してみましょう。デモクラシーという社会構造は人間の創った社会構造でもっとも優れたものですが、このことを人類が理解するのに二五〇〇年もかかっているわけです。二五〇〇年と言うのは、このデモクラシーという政治社会構造を創造したのは紀元前五世紀のアテナイ人で、その理論的基礎を仕上げたのはアリストテレスだからです。ところが、その紀元前五世紀のアテナイで、デモクラシーが出来た時に、完全に自由な市民というのは全人口の四分の一にも満たなかったのです。

市民とは成年男子、理性的に十分な判断力のある成年男子だけを指します。それ以外に、女性がいるでしょう。さらに、子供、老人、外国人労働者、それから奴隷が数多くいました。奴隷が全人口の三分の一ぐらいいたらしい。そういう人たちには市民権がなかったのです。かれらはただ肉体労働に従事して、完全な自由市民の自由な生活、その自由な生活というのは文化的かつ政治的な生活なのですが、それを支えるためにだけ生きていたわけなのです。

人間の本当の幸福とは文化的・政治的な生活だとギリシア人は考えているし、アリストテレスもそう言っていますが、すべての人がそういう生に与《あずか》れるのではなくて、完全に自由な市民だけが与れるのです。では、どこから市民と非市民の違いが出てくるのでしょうか。奴隷制についてのアリストテレスの理論的基礎付けによると、女性や子供や老人や外国人や奴隷には十分な理性能力がないからだ、ということになっています。だから、十分に理性が発達した市民が存分に活動できるように、これらの市民が生きるための生活必需品を生産するという肉体労働に従事するのが、女性や奴隷にとってはよいことなのだとアリストテレスは言っているのです。

これは、今日から見れば、あまりにもひどい話なので、この問題をどう乗り越えるかということについては本格的に考えなければなりませんが（この点については、別に『思想』第八九三号「アリストテレスの奴隷論」で詳しく論じました）、今はこの話にたち入りません。しかし、この話をなぜ出したかというと、人間の間の能力の違いをどうしたらいいかという問題を考えなければならないからです。

能力の違いから社会に格差というものが出来てくるのです。それなら、万人が同じ能力を持つべきだ、と考えたらどうでしょうか。そう言う人がきっといるでしょう。たとえば、女性も男性と同じ体力を持つように鍛錬し、喧嘩をしても暴力をふるわれないように同じくらい腕力を強くすればどうでしょうか。しかし、そんなことは先天的にあり得ません。そういうことを考えるのは無意味であり、また不可能です。そして、性の違いとか人種の違いとか体力の違いとか、さらには、知力の違いとか文化の違いとか伝統の違いとか、そういうたくさんの違いが厳として存在しています。その違いをお互いに認め合って生きていかなければ、あるいは、認め合って生きていける社会を造らなければ、変装された奴隷制社会というものは決してなくならないのです。

本当を言えば、現在だって奴隷制社会なのです。社会の中には、支配者と被支配者がいるのですから。アメリカにしても、形だけでも奴隷制社会がなくなったのは南北戦争後の一九世紀半ばです。しかも、二〇世紀になっても黒人には公民権がなかったのです。つい三〇年くらい前に、アメリカの公民権運動の指導者として有名なマーチン・ルーサー・キングという黒人の牧師が暗殺されましたが、あの頃まで黒人は人間扱いされていなかったのです。デモクラシーの国アメリカでさえこの有様です。

私の言いたいことは、人間に先天的な能力の違いがある以上、社会の階層的構造は決してなくならない、しかし、そういう社会においても、能力の異なる人間どうしがお互いを人格的に認め合って、主人・奴隷関係を克服できるということです。

そこで、社会の階層的構造を人類は決して克服できないと言うのなら、生きることの意味はどこにあるのかと問わなければなりません。この自由な自己実現というのは、人間には能力差もあり、体力差もあり、エネルギー差もあるから、そのために必然的に競争社会を生み出すのです。そこから勝者と敗者が生まれて来ます。この意味では、生きるということは、強くなって、自分の存在を守るということにならざるをえないわけです。それは、弱い他者を押し退けるということであらざるをえません。だから、それはどうしてもエゴイズムの貫徹になってしまうのです。

しかし、人生の不思議な点は、実は自己実現には、人間の本当の喜びがないということなのです。本当の生きる喜びは、感覚的快楽の享受をはじめとする様々な自己満足のうちにはないのです。では、何のうちにあるのでしょうか。結論だけ言うと、生きる喜びは「他者との交わり」のうちにあるのです。これが私の結論。幸福は他者との交わりのうちにあるのです。

それはものすごく単純なことです。毎朝目が覚めたら親子で「おはよう」と挨拶する。それから学校に来て、友だちに「こんにちは」と挨拶する。この「こんにちは」という挨拶は、自分の善意を他者に送っていることです。これが人間の最高の喜びです。ほとんど唯一の喜びです。これが、人間が生きているということです。

人が自分に心を開いてくれるのか。これが心を開いてくれるのか。それとも、姿を見たら、見えなかったふりをして横道にそれて行ってしまうのか。これが心を開いてくれない姿です。人間が最高に傷つく姿です。しかし、思ってもみなかったところで、突然、背後から、「やあ」なんて声を掛けられたらすごくうれしいわけです。で、どうしたら人は心を開いてくれるのでしょうか。人の心というのは、外から、力でこじ開けることは絶対に出来ません。

人生の不思議な点は、自分を強くして、自分を守って、自分が傷つかないようにいつも用心しているような人に、心を開く人はいない、ということです。輝くような才能で凡人を見下しているような人、全然失敗しない人、まったく弱点を見せない人と、友だちになろうという気は起こらないでしょう。人間は強くなればなるほど孤独になるのです。力を持てば持つほど自己防衛という檻の中に閉じ込められて、他人との本当の交わりを失っていくのです。これが人生の不思議なところです。だから、他者と本当に交わりたければ、自分を守らないことが大事です。自分をさらけ出すことが大事です。自分の弱点をありのままに隠さないで生きることが大事です。

しかし、これは傷を受ける可能性に自分をさらすことだから、危険なことでもあります。もしかしたら、意地の悪い人がその傷に踏み込んできて、自分は血だらけになるかもしれません。けれども、そういう危険に賭けることがなければ、本当に人との交わりは開かれてこないでしょうし、その可能性もないでしょう。それはエゴイズムと反対の姿勢を取るということです。さらに言えば、自分自身が弱者になるということです。そうなれれば、もしかしたら人間の秘密が分かるかもしれません。

最後に二つ話をしようと思います。

一つは、宮沢賢治の話で、「貝の火」という童話です。どういう話かというと、ホモイというウサギの子がいるのです。そのウサギの子が、ある時、川のそばで遊んでいたら上流でヒバリの子が溺れかけていた。ウサギの子は大変だと思って飛び込んでヒバリの子を助けるわけです。だけど、そのために自分は病気になって死にそうになってしまう。

しかし、まあ、とにかくひと月くらい寝てなんとか元気になった。そこで、外に出てみたら、大空で待っていたヒバリの親子がすぐ飛んで来て「ありがとうございます。あなた様のお蔭でせがれの命が助かりました」と親ヒバリがお礼を言う。それから、お礼の品だと言って、中に火がチョロチョロ燃えている玉を差し出すのです。「鳥の王様からあなた様に差し上げていただきたいというので持ってまいりました」。ホモイは、「そんなものいらないよ」と言ったのですが、「王様からの贈物ですから、ぜひ持っていてください」と言って、ヒバリの親子は飛んでいってしまった。

そして、その日からまわり中の態度がみな変わってしまいました。野馬《のうま》がやって来て、ホモイに会ったらうやうやしくお辞儀をして、「あなたはホモイ様でございますか。貝の火があなた様の所に届けられたそうですね。あれは千数百年の間、獣の世界にやって来たことはなかったのですが。まあ大昔、一羽の鳥と一匹の魚がどこかで、その貝の火というのを王様から戴いて保ったそうですが。どうぞよろしく」とか言って、うやうやしくお辞儀をして、その野馬は行ってしまった。

出会う動物がみなそういう態度をとるわけです。だから、ホモイは自分がものすごく偉くなったと思ったわけです。それで、皆があまり敬意を示すので、威張りだしたのです。それからリスに出会う。リスも「ああ、ホモイ様」っていうものだから、リスに「お前、木の実拾って来い」と命令して食べ物を拾わせる。それは、ホモイがお母さんから「今晩のご飯に木の実かなにか拾って来なさい」と言われていたからなのです。

それから、次の日にモグラに出会う。モグラも大変な敬意を示すので、「お前も、食料集めて来い」。モグラというのは地上に出ると、目が見えなくて死んでしまうのだそうです。「それだけはご勘弁ください。私は地面の下でしか生きられないのです」。ホモイは怒って地団駄踏んで、「けしからん」と言って叱りつける。

それから、狐に出会う。狐は悪い奴でいつもウサギを苛《いじ》めていたのですが、今日はまったく別で、「何でもいたします。どうぞご命令を」。それで、狐は悪いからパン屋に行ってパンを盗んで、そのパンをホモイの所に持って行って、「これ食べてください。あなたね、こんな美味《おい》しいもの食べたことないでしょ」。ホモイはあんまり美味しいのでびっくりして、そのパンを持って家に帰ると、お父さんがこれは狐が盗んで来た物だとすぐ分かって、最初はそれを踏んづけて「こんなことしちゃいけない」なんて叱ったんだけど、次の日になると、もうお父さんも美味しいパンを食べ出す。そうやって、最後に狐がホモイをだしにしてカスミ網で鳥を二百羽も捕らえて食べようとした時、自分が悪の道に踏み込んだことをホモイは自覚したのです。

しかし、その時はもう遅くて、美しくチョロチョロ燃えていた「貝の火」が破裂してホモイの目にささり、ホモイは盲目になってしまう。その時、森のフクロウがやって来て、「たった六日、たった六日」と鳴きます。ここでこの童話はおわります。自己犠牲の行為で、善の光を宇宙に輝かせたホモイは、皆に褒《ほ》められて、たった六日で元のエゴイストに戻ってしまった。というよりも、もっと悪くなって暴君になってしまった。それで盲目になってしまった。六日とその貝の火を保つことは出来なかったのです。

もう一つは現代の話です。カナダに、ジャン・バニエという人がいます。海軍士官を経て、大学で哲学の先生をやっていましたが、ある時、重度の心身障害児にどこかの孤児院で出会ったのです。人間の生活とは言えないような暮らしをしている姿を見て、「これはあまりにひどい」と衝撃を受け大学教授を辞めてしまいました。それから、障害児を引き取って障害児と一緒に住む家を作ったのです。

「ラルシュ」と言いますが、ラルシュとはフランス語で、旧約聖書に出て来る箱船のことです。ノアの箱船についてはどこかで聞いたことがあるでしょうか。人間があんまり悪いので、神様が怒って、人間を洪水で滅ぼしてしまう。その時、ノアの一家だけは正しい人だったので、神様の指図により箱船を造り、それに乗り込み、洪水から守られて存続したという話があります。

それがラルシュです。悪の大洪水から障害児を守る箱船です。今、世界中にその共同体が百ぐらいあり、日本にもいくつかあるそうです。そのラルシュ共同体の中から、今日はアマンドという子供の話をしたいのです。

アマンドは最重度の障害を持った子で、母親は別に悪い人ではないと思いますが、自分一人ではその子の面倒を見きれなくなり、母親自身がノイローゼになってしまって、かれを孤児院に預けたわけです。孤児院に預けられたその子は、手足の自由が利かないどころではなくて、口も十分には利けないほどの最重度の障害児です。

そのアマンドは孤児院に預けられて、自分はもうすべての人に見捨てられた、母親からも見捨てられた、と分かったわけです。それで物を食べなくなった。もうじき死にそうになったのです。孤児院の人も、あのままではアマンドは死ぬと思いました。それでラルシュにやって来て、死ぬ前になんとか人間の温かさを感じ、それから死ねるように、引き取ってくれませんか、と頼んだのです。そこで、ジャン・バニエはアマンドを引き取ったわけです。

それから、生やさしい話ではなく、いろんなことがあったのですが、とにかく、そのアマンドが、やがて、自分は完全にすべての人に見捨てられたのではなくて、自分を大事にしてくれる人が世の中にいるのだ、ということが分かったのです。その時に、かれは物を食べ始めました。かれは生き始めたわけです。

アマンドは発育不良だから、いくつになっても子供みたいだそうです。身体もゆがんでいるそうです。アマンドにとっては、もちろん、富も名誉も社会的地位もまったく無意味です。知識も教養も無意味です。当たり前です。自分からは何も出来ないのだから。この子はただ人に世話されるというだけで生きているのです。だから、この子にとっては、自分に接する人が自分を大事にしてくれる人か、自分を愛してくれているか、それだけが問題なのです。それがわかると、この子は「大好きだよ」と言うそうです。口が利けないのだから、「あなたが大好きなんだよ」って身体を震わせて表現する。

なぜこんな話をしているかというと、自己保存の闘争に明け暮れている自称有能な大人たちに、男も女も含めてそういうわれわれに、何が本当に大切なのかということをこの子が教えてくれるからです。この子は癒しをもたらす不思議な力を持っているそうです。だから、わざわざアマンドに会いに来る神父さんもいるらしい。アマンドから心の安らぎをもらうために。もらう、という言い方は正確ではないでしょう。アマンドは安らぎの言葉を語るわけではありませんからね。かれと手をつないで一緒にいると、何もしないのに、心が安らいでくるのです。

そこで、私の話の結論はこういうことです。生きるとはなにか。自己実現というエゴイズムの運動をしなければ人間は生きられない。だから皆、力を身につけて強くなろうとする。少しでも他人の先に出て、生存競争に遅れを取らないようにする。そして頑張る。しかし、生存競争に勝つということだけでは、人間はただの動物です。強いものが弱いものを食べて生きているというのは、動物の世界の法則です。

人間らしい生き方とは、この動物の法則を否定して、ある意味ではそれとは逆の生き方を始める点にあります。それは、ある意味では、「存在する」ということを否定するような運動をするということです。それが自己犠牲ということです。古代ギリシアの哲学者プラトンは万物の究極根拠を「善」と言ったのですが、その善は「存在のかなただ」と言いました。この思想は、現代でまた生き返って、ユダヤ人のエマニュエル・レヴィナスという哲学者が受けついでいます。

どうして「存在のかなた」なのかというと、自己保存と自己主張と自己拡張がひしめき合っている世界が存在の世界ですが、その中に、存在よりもっと高尚なもの、すなわち、善を導入するために人間は生まれたのだ、とレヴィナスは言うからです。だから、人間として生きるというのは、エゴイズムと自己犠牲という矛盾した二つの生き方の緊張の中で、いつもその緊張に苦しみながら生きるということです。

エゴイズムをまったく否定したら、それは真っ赤なウソになる。度し難い偽善者になってしまう。エゴイズムをまったく否定したら人間は生きていくことが出来ないのです。生きているということが、エゴイズムをやっているということなのです。しかし、他方、自己犠牲をまったく失ったら、それは人間ではなくてただの動物、あるいは、欲望の充足だけを追求する動物以下の化け物になってしまう。

この自己矛盾の中で生きていくということは、いつも「やましさの意識を持って生きていく」ということ、「すみません」という意識を持って生きていくことなのです。晴れやかに「私は正しい人だ」というようなことを言う人は、まさにそう言うことによって、「いかがわしい人間だ」ということを証明しているのです。それが、福音書に出てくるパリサイ人です。

最後に、この問題との関連で、ドストエフスキーに一言ふれて終わりにしましょう。かれは作家というよりは、桁ちがいの大思想家だと言った方がよいでしょう。その代表作に『カラマーゾフの兄弟』という小説があります。その中にゾシマ長老という聖者が出てくるのですが、そのゾシマ長老の兄が無政府主義者です。この兄が若くて肺病になって死んでしまうのですが、死ぬ直前に回心します。

信仰を取り戻して死ぬのです。その時、何と言ったか。「すべての人がすべての人に罪がある。だけど、私がいちばん罪深い」と言ったのです。それを聞いて、かれのお母さん――貴族です――がびっくりして、「まあ、なんてこと言うのです。あなたは人殺しをしたわけでも泥棒したわけでもないし、なんで私がいちばん罪深いなんて言うのです」と嘆きます。

すると、傍にいたドイツ人の医師が――ロシアの貴族だから先進国の医師などを雇っているのです――「奥様、お坊ちゃんはもうじき死ぬのです。もうこの世に生きていないも同じですよ。あんな言葉は、死にかけた人間の錯乱の言葉です」と言います。この医師の言葉が実に意味深いのです。「この世に生きていないも同じですよ」。これが、先ほど私がひとこと言った「やましさの意識」ということです。いつも負い目の気持をもって生きる、ということです。

それはどういうことでしょうか。少し難しい話になりますが、レヴィナスは「無私」という言葉を語ります。「無私」という言葉をフランス語でいうと、「デザンテレスマン désintéressement」です。「デザンテレスマン」とはどういう言葉で出来ているかというと、「アンテレ (intérêt)」という言葉が真ん中に入っているでしょう。それでは、「アンテレ」とはどういう由来の言葉かというと、インテルエッセ(interesse)というラテン語から来ているのです。インテルエッセというのは、字義通りには「存在することの間にある」という意味です。そこから、「介入する」「関心がある」という意味が出てきて、最後に、「利益」という意味も出てくるのです。

ところで、スピノザという哲学者がいて、conatus essendi という言葉を語りました。これもラテン語ですが、どういう意味かというと、「存在することとの、欲求もしくは努力」という意味です。つまり、「存在する」とは「存在欲求」だ、とスピノザは言ったのです。そうすると、インテルエッセというのはどうなるか。インテルというのは、「何々の中に」という意味だから、われわれは存在欲求の中にいるわけです。存在欲求と存在欲求がひしめいている。そういう世界の中にいるということです。これが自己実現の世界ということです。

「アンテレ」という言葉は、普通のフランス語では利害とか利益とか関心という意味ですが、その根源の意味は、「存在欲求の中にある」ということなのです。こういう世界の中で、存在欲求をぶつけ合ってひしめきあっている私たちが、「デ（dé）」という否定詞をつけて、その存在欲求のぶつかり合いを否定するということなのです。それが「デザンテレスマン」。普通のフランス語ではこの言葉は「無私」を意味します。だから、存在欲求の闘争の中にいて、この闘争に明け暮れて、そして、同時にその闘争から離脱するということ。それは生きながら死ぬということです。

「生きながら死ぬ」というのは、私の好きな一遍上人という鎌倉時代の坊さんがいつも言っている言葉です。さっき言ったように、生きている限り自分のエゴイズムを完全に超越することは出来ないのです。生きているというのがエゴイズムをやっているということだからです。しかし、「生きて」いながら、存在欲求の中にいながら、その存在欲求を絶えず超えて、他者への献身のうちに己を無化しようとする緊張の意識を持つということ、それが「無私」への憧れであるし、「すみません」という意識なのです。

2　幸福とはなにか

一八世紀ドイツを生きた哲学者カントは『啓蒙とは何か』という小さい論文を書いています。「啓蒙」とはどういう意味か。日本語では、「蒙」というのは暗いという意味。「啓」というのは開くという意味。「啓示」の啓だから開く。「蒙」を開く。暗いところを開く。ドイツ語でも英語でもそういう意味です。頭が暗い状態にある。人生が暗い状態になっている。それを明るくするということを「啓蒙」というのです。

それは、人類の歴史を見てみると、古代ギリシアで紀元前五世紀頃に大規模に起こりました。その頃、プロタゴラスとかソクラテスとかプラトンとかアリストテレスとか、巨大な哲学者が何人も出てきました。アテネに民主主義が出来上がって、そこで人間の生き方の基本が決まった、そういう時代です。それが「啓蒙」の時代。

それから一八世紀にもう一度、啓蒙が来る。一八世紀のヨーロッパは、フランス革命が起こった時代、ドイツではドイツ観念論という理性の大殿堂が生まれた時代です。イギリスではジョン・ロックという今のデモクラシーの理論的基礎を築いたような人が出てきました。

その小さい論文の中でカントは何と言っているのかというと、「何事も自分で判断できない状態、それが精神の未成年状態である」と言っている。「自分の理性に基づいて判断し、生きていける人間」を「啓蒙された人間」あるいは「自律的な人間」と言っている。自律的というのは、自分で自分を律するということ。ヨーロッパ語では「アウトノミー」と言います。「アウト」というのは自分ということ、「ノミー」というのは支配するということ。だから自分を自分が支配するということが「アウトノミー」で、これが一人前の人間になるということです。

カントは「ドイツ人はだめだ」と言っています。カントがそこで問題にしているのは信仰の問題ですが、ドイツでは、その頃は国家と教会が結びついていました。だから、何をどういうふうに信じて、どういうふうに生きなければいけないのか、そういうことを教会が教えて、これを国家が強制しているわけです。教えられ強制されて、「言われたままを無反省に信ずるというのではだめなのだ」とカントは言う。「自分の理性で、自分の頭で納得して信ずるというのでなければ一人前の信仰ではない。解釈の自由を人は持たなければいけない」と。こういうふうにカントはその論文の中で言っているのです。

ついでに言うと、ドイツのすぐ北にデンマークという国があるのですが、そのデンマークにカントの少し後になって、一九世紀にキルケゴールという哲学者が出てきて信仰の問題を非常に深く考えました。かれはなんと言ったかというと、「信仰とは神の前に単独者として立つということだ」と。単独者というのは一人ということ。「一人として、単独者として、自分の責任で神の前に立つということ。これが信仰である」と。しかし、今のキリスト教徒にはその意識がなくて、ただ惰性で教会に行っている。惰性で教会に行っているのは信仰ではなくて、ただの習慣である。「もうキリスト教は死んだ」と、キルケゴールは言ったわけです。

これは、カントが啓蒙の精神ということで「人間は自己責任のもとに自律的に生きなければいけない」と言っていることを、もう一歩踏み込んで言っているわけですが、かれの考え方は、現代では「実存哲学」という思想になって人々を動かしているのです。

さて、今なぜ啓蒙の話をしているのかといえば、それは、一人前の人間になるということがどういうことかを言いたいからです。人はすべて一人前の人間にならなければいけない。それは広く人生全般の事柄についてです。未知の未来に向かって進んで行くあらゆる場合にです。その時に、自律的に自己責任の下で生きていかなければなりません。このことを現代流行の言葉で「自己実現」と言いますが、自己実現というのは、自分が人生で何をしたいのか、それを自分で決めて、自分で実行して、その最終的な責任を自分で背負うということです。それを自己実現と言っているわけですね。それが一人前の人間になるということです。そして、それが「幸福である」ということです。

この考え方は現代では常識です。特に今まで女性は、親から決められた通りに結婚して、夫に従って生きるのが良い妻だと、そう教えられてきたわけです。何も自分で決められなかった。そういう自己のない人生を長い間、何百年と生きてきた。特に日本では。そうではなくて、男性も女性も自分で目的を立てて、自分の決めた人生を歩くこと。これが自己実現ということで、幸福ということです。

さて、これは今日私が言いたいことの半分なのです。私が本当に言いたいことは、「自己実現は必要だけれども、それが人生の本当の喜びではない」ということです。自己実現とは何かと言うと、人間が自分の存在を維持し拡大する、ということですね。生きるということは、そういうことです。物を食べたり、働いたり、稼いだりして、みな自分の存在を維持するわけでしょう。それは何をしているのかというと、哲学的に言えば、エゴイズムの社会的に承認された形を実行しているということなのです。

人間は皆お金儲けをします。働いて、お金儲けして、社会的な地位を得たりして、そうして力を得て、やりたいことをする。こういうように、生きることが、それ自体もう競争することなのです。競争することは、人の先に出ることです。そうやって競争して、弱い人を押しのけて、社会的地位を得たりして、人間は生きているわけです。だから、自己実現というのは格好のよい言葉なのだけれど、その裏には勝者と敗者がいるのです。

もちろん、それは人間が生きていく以上、仕方がないことです。しかし、考えなければならないことがあります。「人間は考える葦である」という言葉で有名な一七世紀フランスの哲学者パスカルは、恐ろしい言葉をいろいろ語っているのですが、その中に「日の当たる場所にいるということは、世界の簒奪《さんだつ》のはじめである」というのがあります。簒奪とは、王位とか大帝国を簒奪するというふうに使う。資格もないのに奪い取るということです。パスカルは、子供たちが日当たりの良い場所を求めて争っているのを見て、こういうことを言っているのです。

それは、大人たちが富や地位を求めて争っていることの原型でしょう。そのことが分かってくると、出世主義などで生きてゆくわけにはいかなくなる。みなが「日の当たる場所に行け、日の当たる場所に行け」と教えている。親は子どもに、先生は生徒に、「偉くなれ、偉くなれ」と。しかし、長い人生の間にだんだん分かってくることがある。日の当たる場所にいることは日の当たらない所にいる人を簒奪しているのだ、と。そのことが分かってくると、自己実現とは反対の、自己否定ということの意味が分かってくる。それはすごく大事なことなのです。

宮沢賢治に「よだかの星」という童話があります。「よだか」という名の鳥がいるのです。「よだか」だから、とにかく鷹という名前が付いているわけです。鷹って格好よい鳥でしょう。

強いし、すごく早く飛ぶし。だけど、この「よだか」はたいへん醜い鳥なのです。もう見るのもいやになってしまうくらい。しかも、鷹という名が付いているのに弱いのです。それは爪もくちばしも、本当の鷹に比べたらあまりにも弱々しいので、どんな小さな鳥でも「よだか」を怖がらない。あまりに醜くて、地面の上でもよたよたとしか歩かないので、皆に馬鹿にされているわけです。

鷹だったら蛇なんか襲って食べることができるのだけど、その「よだか」は爪もくちばしもあまりに弱いので、羽虫とか昆虫とか、そういうものを食べて生きている。それで、皆にいやがられて、そばにいくと「あっちに行ってくれ、おまえみたいな汚い奴とは付き合いたくない」とか言われる。

ある日、鷹が「よだか」の家にやってきて、「おまえの名前を変えろ」と言います。「おまえに「よだか」という、鷹の名前が付いているのはけしからん。おまえ、名前を変えろ」。「そんなこと言ったって仕方ありません」。「そんなこと言ったって仕方がないなんてだめだ。三日のうちに名前を変えろ」。それで、自分の首に札を下げていろんな鳥の間をずっと歩いて、「私はもう「よだか」という名前を止めました、と言って歩け」。市蔵《いちぞう》とかいう名前らしいんだけど、「市蔵という名前に変えましたと、皆の前であいさつをして歩け。それをしなければおまえを殺すぞ。このおれの爪でもって一握りに握りつぶしてやる」、と。

それで、「よだか」は困ったわけです。そんなこと言われたってどうしようもない。「よだか」は日頃、空を飛びながら自分が生きていくために羽虫や昆虫を食べなければならない。空をうねって飛んでいると、自分の口の中に羽虫や昆虫が入ってくるわけです。それを飲み込む時に、いつも心臓が止まるほどすごいショックを受ける。「あっ、羽虫を食べちゃった。俺みたいな汚い奴が生きるのに、羽虫を殺さなければ生きていけないのか」。それが苦しくてしょうがなかった。

それで、「よだか」はいっそ死のうと思った。「もう死ぬんだ、どうせ生きていたってもう自分は皆に嫌われているし、第一、昆虫を殺さなければいけないし」。死ねば殺さないで済むわけです。それで死のうと思って飛び立って、大空の太陽の方にずっと飛んでいった。いくら飛んでも太陽に届かない。太陽が言う。「そんな馬鹿なこと止めろ。おまえは夜の鳥だ。太陽は昼だ。そんなに死にたければ、夜、星に頼みなさい」と太陽に追い払われる。

そこで、次にどこかオリオン座とか大熊座とか夜の星のところに行って、「私は燃え尽きて死にたいのだけど、あなたのところで殺してくれませんか」と頼む。星たちは「おまえ、いったい何やっているの。そんな阿呆なこと。頭が少し熱すぎるから、頭を冷やしなさい。南極の氷山のある海に頭を突っ込みなさい。それがいやなら、コップに氷をのせてそのコップの中に頭を突っ込みなさい」。

最後にはすごく残酷なことを言う星がいて、大熊座のなんとかという星なのですが、「自分を考えろ、身分というものがある。星と、たかが一羽の鳥の身分がどれくらい違うか、分かるか。それに、星になるには金だっているんだ」と。そして、結局皆から拒否されて、「よだか」はついに地上に墜落してしまう。だけど、ある日、ものすごく発奮して空に飛び上がって、どんどんどんどん上に登っていって、そして最後に、なんだか気絶して、知らないうちに燃えつきて自分自身が星になってしまった、という話なのです。

宮沢賢治には焼身自殺への願望があったと言われているのです。これはそれをよく表している物語なのだと解釈されています。宮沢賢治は、自分自身が生きていること自体が罪だ、と考えていた人なんですね。かれはそれをいろんな童話で話しているのです。この「よだかの星」だけではなくて、ほかにも「グスコーブドリの伝記」とか、似たような話がたくさんあります。

この話をなぜしたか。それは、生きるためには人間は、人間だけではなくて鳥だってなんだって生き物はすべて、自分を確保して、自分を拡大して、強くならなければならないということを示すためです。それは他者を支配しようとすることにつながります。「よだか」は生きるためには、自分より弱い羽虫を食べなければならない。宮沢賢治は絶えずそういう自分を疑問視していたわけです。この「よだか」は、そういう疑問視の果てに死んでしまった。では、なぜ自分を疑問視しなければいけないのか。それが問題です。

それは、他者は自分が絶対に自分の中に取り込めない高みにいるからです。他者は畏るべき高さにいる。他者の畏るべき高さというのは、多くの人もときどき経験することがあるのではないでしょうか。他者は決して自分の思いどおりにはなりません。それは、他者が否定の力を持っているということです。それが他者の高さです。

大昔、エピクテートスという哲学者がいました。かれはローマ時代の哲学者で、奴隷だったのですが、その人が、哲学者と暴君との対話の情景を描いています。暴君が言う「俺の言うことを聞かなければ牢屋に入れるぞ」。哲学者が答える「はい、どうぞ牢屋に入れてください。私の身体はどうぞご勝手に」。暴君「俺のいうことを聞かなければ、お前の片腕を切りおとすぞ」。哲学者「どうぞ片腕を切り落としてください」。暴君「じゃあ、お前の首を刎《は》ねるぞ」。哲学者「どうぞ殺して下さい。あなたが殺すのは、私ではなくて、私の肉体だけなのです」。

こういうふうに、エピクテートスは言ったのです。すごいですね。恐ろしいですね。暴君は肉体を殺すことはできるけれど、相手の人自身を殺すことはできないのです。絶対にできないのです。肉体を殺すということが、その人を支配出来なかったということを示しているのです。その人の心とか、その人の否定の力とか、それはどんなに暴君が暴力を振るっても支配できません。それが他者の無限の高さということです。だから、他者は支配できません。絶対に支配できないのです。だから、私たちは他者から挨拶されることが、他者から善意を向けられることが、奇蹟のように嬉しいのです。どうして、なぜ嬉しいのか。それは、自分が絶対に支配できないものが、向こうから自分に善意を送ってくれたからです。それは奇蹟なのです。相手の自由の深淵から湧き出た贈り物、タダのタダの贈り物だからです。

それでは、絶対に支配できない他者に直面して、タダの贈り物を待っているだけではなくて、私たちの方からはその他者とどういう関係を持つことができるでしょうか。若い人の場合、これから人生に出ていくのですから、会社や学校などでたくさんの他者に出会うでしょう。もっとも、家の中でだって、父親にしても、母親にしても、兄弟姉妹にしても、みな他者ですからね。人は人に形だけ言いなりになったとしても、心は絶対に言いなりになりません。

それでは、どういう関係を持つことがいいのか。それは、自分の方から、一方的に、その他者に向かって善意を捧げるということです。それしか人間にはできないのです。これが大事なことです。もし、私たちがそうしてひたすら他者に向かって善意を捧げ続けていれば、もしかしたら他者から善意が返ってくるかも知れないけれども、返ってくるという保証はどこにもありません。それが、「お返しを望まないで善いことをしなさい」という教えの意味です。

なぜ、お返しを望んで善いことをしたらだめなのか。それは、お返しを求めるということは相手を支配しようとすることだからです。お返しを求めるということは、エゴイズムの一つの変装形態なのです。私はこれだけのことをしてあげたのだから、あなたはこれだけのことを私に返してくれなければいけないというのは、エゴイズムなのです。

ところで、ここには、本当はもっと非常に深いことがあるのです。それは、人間は強ければ強いほどいいと皆は思っているけれど、実はそうではないのだ、ということです。人間は弱ければ弱いほど本質的な意味ではいいのです。そのことが分かるまでには、すごくたいへんな人生の経験が必要です。自滅寸前まで行かなければ分からない。しかし、弱ければなぜいいか。それは、人間とは皆、能力とか、体力とか、美貌とか、社会的な地位とか、もうちょっと程度が下れば財産とか、みんなそういう力で武装しているわけです。そういう力で人を引きつけようとしています。

そのときに、他者は、その人の力に引かれて、その人の力を利用しようとして近づいてくるかも知れないけれど、その力がなくなってしまえば、もうその人は見棄てられてしまうでしょう。その人自身が問題ではなかったからです。しかし、始めから何も持っていなければ、お金もないし、社会的地位もないし、能力もないし、容色もないし、なんの取り柄もなければ、さっきの宮沢賢治の「よだか」みたいに、醜くてよたよたしていれば、誰も近づいて来ないでしょう。誰も近づいて来ないけれども、もしか誰かが近づいてきたとすれば、それは、何か自分が身につけた様々な衣装のために近づいてきたのではなくて、その人自身が問題だから近づいてきたのです。かれはその人と付き合ってくれる人なのです。

その時に、はじめて、人間は本当に人間と交わるということが起こる。なにも無くなって裸の弱者になったときに、下の方に下がって下がって最低の弱者になってしまった時に、無力なデクノボウになってしまった時に、人間は本当にありのままの人と交わることができる。だから、弱者と弱者の間に本当の人間の交わりが起こりうる。本当の愛が生まれうる。それが人間の本当の喜びです。

最後に、私は、また宮沢賢治にもどって少し話をしたい。それは、宮沢賢治が死ぬときに手帳に書き残したという――死ぬときかどうか本当はわからないのだけれども、死んだ後に出てきた――あの有名な詩です。皆さんもご存知の「雨ニモマケズ／風ニモマケズ／(略) 丈夫ナカラダヲモチ……」です。

宮沢賢治は長年の無理がたたって、晩年は非常に身体が弱かったのです。晩年と言っても、肺病で三八歳で死んだのですが。最後の頃は年中、血を吐いて、生きるか死ぬかという状況で生きていた人だから、丈夫な身体を持ちたかったのでしょう。かれの願望です。もっとたくさん善いことをして死にたいと思ったのではないでしょうか。

それから、「慾ハナク／決シテ瞋ラズ」と言っている。「慾がない」というのがすごくいいのです。偉くなりたいとか、お金持ちになりたいとか、綺麗になりたいとか、人に誉められたいとか、快楽に飽き足りたいとか、そんなの何もない。欲望の充足ばかりを追いかけていると、穴の開いたザルに水を満たそうとしているようなもので、いつまで経っても苦しみから脱却できないのです。だから、欲望を絶つことが大切なのだと、お釈迦様もプラトンも言っています。

それから、「一日ニ玄米四合ト／味噌ト少シノ野菜ヲタベ」というのは、これもいいですね。「粗衣粗食」です。現代人がどうして病気になるかというと、生活習慣病とか何とか、みな贅沢しすぎるからです。粗衣粗食にすればもっと丈夫で快適になる。

ヨーロッパの哲学で言うと、エピクロスというギリシアの哲学者が、紀元前三世紀頃にいました。かれは快楽主義者と言われていますが、このエピクロスの快楽主義というのはとても上品な快楽主義です。私は大好きです。かれは「パンと水があれば、私はゼウスと同じくらい幸福になれる」と言ったのです。「パンと水だけあればいい」。「たくさんおいしいものを食べるとか、激しい肉体の快楽に耽るとかは、本当の快楽ではない」と言ったのです。

なぜなら、「それは、ただ人間の魂を不安にし惑乱するだけで、そんなことばかり求めていれば要するに絶え間なく苦痛に苛《さいな》まれるだけだ」と。人間の本当の喜び、人間の真の快とは、「心が穏やかだ」ということだ、と。「その心が穏やかで楽しく生きるには、パンと水があればいい」とエピクロスは言ったのですが、宮沢賢治が「玄米四合と味噌と少し野菜があればいい」と言ったのと同じです。それでいいのです。

その次に「アラユルコトヲ／ジブンヲカンジョウニ入レズニ／ヨクミキキシワカリ」という

のがいいですね。すごくいい。人間の不幸とはどこから起こってくるかというと、「自分、自分」と自分のことばかり考えるから、人間はみな不幸になるのです。「自分、自分」と、自分のことばかり大事にしようとすると、人間はどんどん不幸になる。自分を忘れれば忘れるほど人間は幸せになっていく。自分を忘れて、自分を勘定に入れないで、では、何をするのか。自分を勘定に入れないで、ひたすら他人に善意を捧げるのです。

自分を忘れて、自分の存在を忘れて、人に善いことをする。善いことをするのが嬉しいから、善いことをする。それを宮沢賢治はなんと言っているか。「アラユルコトヲ／ジブンヲカンジョウニ入レズニ／(略) 東ニ病気ノコドモアレバ／行ッテ看病シテヤリ／西ニツカレタ母アレバ／行ッテソノ稲ノ束ヲ負ヒ／南ニ死ニサウナ人アレバ／行ッテコハガラナクテモイイトイヒ／北ニケンクヮヤソショウガアレバ／ツマラナイカラヤメロトイヒ」。自分を忘れて、こういうことをしている。これが、宮沢賢治の到達しようとした境地なのです。いつも他人のために尽くしていて、自分はどこにもいない。

ところで、宮沢賢治は「死にそうな人がいたら怖がらなくていいと言う」と言っていますが、これはどういう意味でしょうか。「死ぬのは怖がらなくていいよ」とは、いったいどういう意味で言えるのでしょうか。私にとっては大問題ですが、宮沢賢治にとっても大問題だったのだと思います。宮沢賢治もやっぱり死ぬのは怖かったでしょう。それはよく分かります。死ぬ間際に詩をたくさん書いているのです。「ああもう何も出来ないで死んじゃうのか」とか、「何かもう少しよいことをして死にたかった」とか、いろんな詩を書いています。

もちろん「死んだあとどうなるのか」ということは、誰にも分からないのです。ソクラテスにさえ分からない。ソクラテスでさえ、「死んだあとどうなるのか、私には分からない」と言っています。しかし「分からないのだけれども、善い神々のもとに行くのだという希望をもっているのだ」と言うのです。

だから、それは認識ではないのです。「分かっている」というのではありません。希望です。あるいは「信仰」です。ソクラテスとか、キリスト教徒とか、浄土宗の門徒とか、なにか大きなものの懐に帰るという希望をもっている人はいいですね。しかし、希望を持っていない人もいる。死んだら後は全く無に帰してしまうと思っている人もいます。そういう人たちに対して、「死ぬのは怖がらなくていいよ」と、どういう意味で言えるのでしょうか。

その場合には、たぶん、宮沢賢治のように生きることが、人生を意味づけるということかもしれませんね。先ほども言ったように、東に病気の子どもがあれば行って看病してやり、西に疲れた母があればそのイネの束を背負い、北に喧嘩《けんか》があれば馬鹿らしいから止めろと言う。そういう生き方をしていれば、その生き方自体が、キリスト教的に言えば「そこに神の国がある」、あるいは「その生き方のうちに神が現われている」、仏教的に言えば「そこに御仏の浄土がある。自他不二の世界がある」ということでしょうか。宮沢賢治自身は仏教徒だから、仏様の浄土へ往生するという信仰によって、死の恐怖を乗り越えたのでしょうね。

そうして、詩の最後は「ミンナニデクノボートヨバレ／ホメラレモセズ／クニモサレズ／サウイフモノニ／ワタシハナリタイ」と終わっています。人に誉められることもないし、苦にされることもないし、木偶《でく》の坊と皆に呼ばれて生きる。それは、いるのかいないのか分からないように生きるということです。自分がいるのかいないのか分からないように生きる。ただ善いことだけをして生きる。誰が善いことをしているのかが、誰にも見えないように。人は見えなくて、ただ善いことだけがそこにある。

新約聖書に「右の手がしていることを左の手に知られないようにしなさい」という教えがあるのは、その意味ですね。自分が何かをしたと意識しては、だめなのです。善いことだけがそこにある。それで私は、「ふーん、なるほど、神様とはたぶんそういう方なんだ」と思うのです。なぜなら、神様っていったいどこにいるのでしょうか。誰も見たことがないでしょう。いるのかいないのか分からない。「もしかしたらいないのかも知れない」なんて言う人は世の中に山のようにいます。それにもかかわらず、完全に姿を消して善いことだけをしている。誰に知られもしないし、感謝もされない。少しは感謝している人がいるかもしれませんが。「神なんか存在しない」と言う人は世の中に山のようにいるし。「それでも毎日太陽を昇らせ、雨を降らせ、鳥を養い、百合を装わせ」と新約聖書に書いてあるでしょう。そういうふうに自分というものを完全に消して、善いことだけをしているという在り方。これは宮沢賢治が言おうとしていることですが、たぶん神さまとか仏さまとかいう方がもしいるとすれば、そういう方のことを言っているのだ、と私は理解するのです。

さて、以上の話の主旨は何でしょうか。人間は生きていくためには自己実現を目指さなければなりません。自分を確保しなければ生きてゆかれません。そうしなければ生きてゆかれません。仕事をして、お金儲けをしなければ生きてゆけません。だから、そういう意味では、エゴイストをやらなければ生きてゆかれないのです。これが人間の宿命なのです。

しかし、本当の幸福はそこにあるのではなくて、小さな自分を忘れて他者に奉仕するところにあるのだと言いたい。そのことによって、人は人と本当の交わりに入ることができます。他者は無限に高い存在だから、他者に対しては奉仕するという関係しかありえません。そうして、ひたすら他者に仕えているときに、無限に高い他者の方から、かれの自由の深淵から湧き出る善意の贈り物が返って来るかもしれません。そのとき、愛し愛されるという奇蹟が起こるのです。それが、人間の究極の幸福です。

3　ソクラテスにおける「生」と「生のかなた」

†善の探究

紀元前三九九年にソクラテスはアテナイの法廷に告発され、死刑の判決を受けました。罪状は、（一）国家公認の神々を拝まず独自の奇怪な神ダイモニオンを拝んでいること、（二）既存のモラルに対する批判活動により青年たちを腐敗させていること、の二箇条です。残されたいくつかの資料から推定すると、ソクラテスが死刑を免れる道はいくつもあったと思われます。

まず、かれはその批判的対話活動を止めるならば、そもそも告発されなかったのであり、この点については時の権力者から何度も警告を受けながら、それに従おうとしなかったという事情があります。

次に、告発された後でも、もし法廷を無断欠席して国外に退去していたならば、権力者側は間違いなくそれ以上の追求はしなかったでしょう。この点については、『クリトン』篇の中にも『弁明』篇の中にも暗示があり、権力者側はむしろこの結果を望んでいた節があります。さらに、有罪の判決が下った後においても、かれは自ら追放刑を申し出ることができたのであり、その場合には、この申し出は確実に受け入れられたでしょう。

しかるにソクラテスは、自分は国家に対する功労者であるから、国立迎賓館における饗応が相応しい罪状であると申し出て人々の怒りを買い、死刑へと定められたのでした。このように何重にも死刑を免れる道があったにもかかわらず、あたかも必然の定めに従うかのようにソクラテスは死刑へと突き進んでいったのですが、その理由はただ一つ、かれが決してその批判的対話活動を止めようとはしなかった、という点にあります。

さて、死刑の判決を受けて獄中にあるソクラテスを訪ねたクリトンは、このまま刑死することは正しいことではないし、多くの人々からは「無能怯懦《きょうだ》の振舞いと思われるだろう」と言って、脱獄を勧めます。

これに対してソクラテスは、「僕は、昔も今も常に、最善と思われる言論《ロゴス》以外のなにものにも従わない人間なのだから、多くの人々の思惑《ドクサ》がどうであっても、ただ、これまで納得してきた言論よりも優れた言論によって説得されなければ、君に譲歩することはできないのだ」と言って、これまで常に尊重してきた人生の根本原則を語りだすのです。

それは、「もっとも大切なことは、生きることではなくて、善く生きることである」というものです。この原則をわれわれは、監禁とか財産没収とか死刑とかをつきつけられて、子供たちがお化けにおびえるように、投げ捨ててしまうのだろうか。それとも、この原則はいまでも揺るがないのか。このソクラテスの反問に、クリトンは——そして、おそらくは私たちもまた——「揺るがない」と同意せざるをえません。

ところで、ソクラテスの語るこの人生の根本原則のうちには、すでに、人生の意味についての解答が潜在的に与えられています。すなわち、ただ生きながらえること、生物としてあるいは動物として生き続けることのうちには、人生の意味は無い。人生の意味は、善く生きることのうちに、換言すれば、仮に善く生きることが私たちにとってそれほど自明でないとすれば、その「善さ」の追究のうちに存するということです。

ソクラテスはまた、「吟味なき生は人間にとって生きるに値しない」とも言いますが、この言葉も同じ事態を指しています。この言葉は判決の寸前に行なわれた弁論のなかで語られるのですが、そこでソクラテスは、もし裁判官たちから「沈黙を守っておとなしくするならば釈放する」と言われても、そういう条件には承服できないと言い、その理由としてこう言うのです。この対話活動は私にとっては神の命令であり、自分と他人を吟味しながら、徳《アレテー》やそのような事柄について言論を交えることより以上に大切なことは人間には存在しないからである、と。

言い換えれば、「吟味なき生」とは善の探究を欠いた生、本能的衝動の赴くままに、動物的にただ欲望を満足させながら生き続けてゆくだけの生のことであり、そのような生は人間の生の名に値しないとソクラテスは言っているのです。

この大前提はソクラテスの確信です。この大前提には、どこにも論証は存在しません。いや、根源的事実には本来論証はありえないという意味において、この大前提はソクラテスにとっては人間の根源的事実なのです。人間はその心の奥底に「善への深い願望」を蔵しており、たとえ現実においてはこの願望はさまざまの欲望に覆われて歪曲された姿でしか現れてこないとしても、その本来の実現を求めてやまないのです。

たとえば、『ゴルギアス』篇の中にはこういう趣旨の主張があります。人々が望んでいることとは、かれらが現にしていることか、それとも、そのしていることの目的かと問われれば、だれでも、それは目的だと答えるだろう。たとえば、医者から手術をうける人は、かれが現にしていること、切られて痛い思いをすることを望んでいるのではなく、健康を望んでいるのだ。あるいは、生命の危険を冒して航海する人は、生命を危険に曝すことを望んでいるのではなく、貿易による富の獲得を望んでいるのだ。このように、私たちは、立つのも、座るのも、歩くのも、走るのも、すべて善を求めて行なっているのである。

人間行為のこの構造が、現代哲学において「人間の自己超越的構造」あるいは「脱自的構造」と呼ばれているものの原型に他なりません。

別言すれば、人間は常に未来を目指して現在を生きている存在者なのであり、したがって、生の意味は常に未来からやって来るのであり、それゆえに、何が私たちにとって本当の未来なのかが問題なのであり、だから、あらゆる意味において未来が無くなった時、人間は絶望して死に絶えるのです。この未来の光がさしあたり「私たちが善と思い込んだもの」なのですが、「人間のすべての行為は善を目指す」というソクラテスの言葉はこの事態を指している、と言えるでしょう。

だがしかし、問題は、すべての人が事実、つねに善を求めて行為しているとしても、人が現に目的としている当のものが本当に善であるとはかぎらない、という点にあります。たとえば、仮に私たちが独裁者になったとします。私たちはしようと思うことが何でも出来るようになる。気に入らない人間たちがいれば、かれらに犯罪者の汚名を着せて粛清したり、国外追放に処したり、財産を没収したりすることも出来るし、好きな女ができれば、トロイア戦争のアガメムノン王や旧約聖書のダヴィデ王のように、これを伴侶から強奪することもできるでしょう。これは、まことに至福の状態ではないでしょうか。

そうではない、とソクラテスは言います。なぜなら、かれらは自分が本当に望んでいることをしていないからである、と。「人は一国の主となって自分の思い通りのことをしていても、大きな力をもっているわけでもないし、自分の望みを実現しているわけでもない」。なぜなら、かれらはこれらのことがかれら自身にとって善いことだと思い込んで、そのような振舞いに及んでいるのだが、もしそれらのことが本当はかれら自身にとって善いことではなかったならば、かれらは自分の本当の望みに反した行為をしていることになるからです。

それゆえソクラテスによれば、私たちの為すべきことはただ一つ、善の探究です。このことの認識に生のすべての意味がかかるのであり、このことを等閑にした生は生きるに値しない生なのです。

さて、「善く生きる」ことは、また「正しく生きる」こととも言い換えられています。それだから、『クリトン』篇で、ソクラテスは「もし脱獄の正しいことがロゴスによって明らかになったならば脱獄するし、それの不正であることが明らかになったならば、どんな酷《ひど》い目にあわされても、殺されることになっても、脱獄しない」と言うのです。そしてこの場合にも、思索の大原則となる根本原理は、本節冒頭の言葉すなわち「もっとも大切なことは、生きることではなくて、善く生きることである」と内容的に並行しています。それは「いかなる仕方ででも、意図的に不正を犯してはならない」というものです。

それゆえ、たとえ自分自身が不正を加えられ、害悪を蒙った場合でも、仕返しに不正を返してはなりません。なぜなら、不正に対して不正を返すのでは、「決して不正を犯さない」ことにはならないからです。ちなみに西方の古代世界では、「目には目を、歯には歯を」という報復の原理は倫理の基本原理と考えられていたのであり、これを明確に否定する原理を語った人は、管見の及ぶかぎり、ソクラテスとイエスだけです。

言うまでもなく、ソクラテスは不正の告発による不正の裁判によって死刑の判決を受けた被害者なのですから、報復の原理の立場に立つならば、脱獄することこそが正しいと言えるかもしれません。しかし、かれは、ロゴス（法廷弁論）によって相手（告発者と判事たち）を説得できなかった以上、悪に悪を報いてはならないといって脱獄を拒み、刑死したのです。

このように、ソクラテスにおいて、善あるいは正義の追究とその実現が人生の意味です。しかし、この場合、善や正義は、いわゆる「無知の知」としてソクラテスを動かし、かれの活動を方向づけていたのだと言わなければなりません。すなわち、これらの理念の根拠は、かれ自身にとっても決して自明でもなければ明確でもなかったのです。それだからソクラテスは、「善とは何か」「正義とは何か」等々の問いの探究のうちに、その全生涯を費やしたのです。

かれは人々にこの問いに真剣に取り組むように、絶え間なく励まし続けました。財産や名誉や快楽の追求のために血道をあげながら、自分自身の魂をよくすることに心をつかわないで恥ずかしくはないのか、と道ゆく人々に語りかけました。しかし、かれ自身は、これらの重大事について自分はまったく無知である、と言い続け、このことがまた多くの人々に、逆説によって足を掬《すく》われたかのごとき衝撃を与え、かれに関する怪訝《けげん》の念を醸成したと言えます。

しかし、ソクラテスは無知の仮面によって人々を愚弄《ぐろう》していたわけではありません。ソクラテスのアイロニーとは、「善」のまばゆい光をめざすソクラテスの意識が、快楽と権力の追求という欲望の泥沼に埋没している人々の意識に浴びせる目のくらむような逆光であり、この逆光は、ただ人々の心の奥底に隠れている「善への憧れ」を明るみへと照らし出す光源として存在していたのです。

ソクラテスの全生涯、すなわち、その全対話活動は、このことのためにありました。それは、神によって自分に与えられた持ち場であり、死を恐れるとか、何かその他のものを恐れるとかして、この持ち場を放棄したとすれば、そのときこそ自分は本当に犯罪者であるとソクラテスは言っています。ここに至って、死に対するソクラテスの態度はすでに明らかです。すなわち、死の恐怖をも超えて護らなければならない絶対の価値があるのです。「アテナイ人諸君、死を逃れることが難しいのではない。むしろ、悪を逃れることがはるかに困難なのだ。なぜなら、悪は死よりも速く走るからだ」。

†死と希望

「諸君、死を恐れることは、賢くもないのに賢いと思い込むことに他ならないのだ。なぜなら、それは知らないことを知っていると思い込むことだからだ」(『弁明』二八D—二九B)。人間のうちで死を知っている者は一人もいません。なぜなら、エピクロスも言うように、人間は死を体験できないからです。すなわち生きているかぎり、死はそこになく、死んだときには、私たちがこの世にいないからです。

それだから、ソクラテスはこう言います。もしかしたら死は人間にとって最大の善であるかもしれないのに、それが最大の悪であることは知れきったことであるかのように、人々はこれを恐れている。これが、かの「知らないことを知っている」とする非難されるべき無知でなくて何であろうか、と。それゆえソクラテスは、死については基本的に「知らない」という立場をとっているのです。

そうであれば、死に対して私たちの採りうる態度は、認識ではなくて決断でしかありえないでしょう。そして、その決断は、大きく言って次の二者択一の一方でしかありえないでしょう。すなわち、死が私たちの存在の絶滅であると決断するか、それとも死後もなお、私たちはなんらかの形で存続すると決断するか、そのどちらかだということです。現代アメリカの倫理学者トマス・ネーグルは「あの世は存在しない」という方に賭けていますが、その理由は「永遠の生命とは退屈に違いないから」というものです。しかしとにかく、この問題が、認識による保証をもたない賭けに依存しているということを自覚している点で、かれはましな哲学者の方に属していると言えるでしょう。

それでは、この点に関してソクラテスは何と言ったでしょうか。ソクラテスはまず、死はよいものに違いない、それには大きな証拠があると言います。その証拠とは、ソクラテスの生涯についてまわった例のダイモニオンの声が、この裁判事件に関してはまったくの沈黙を守ったということです。ダイモニオンの声とは、ソクラテスが何か正しくない行為に出ようとした時に、事の大小にかかわらず、かれに襲いかかった禁止の声です。この声はかれに、積極的に具体的な内容をもつ行為を命令することは決してありませんでした。

ソクラテスは、つねに自分の行為の正しさを理性によって、すなわち、対話活動による自分のロゴスと他者のロゴスとの公共的合意によって根拠づけつつ歩もうとしたのであり、その意味で、かれは徹底的な理性主義者、自律倫理の持ち主でした。しかし、このかれの理性活動には、ときどきどこから来るのか由来の知れない内面的なチェックがかかったのです。このチェックがダイモニオンの声です。しかし、この声の意味の解明は、ふたたびソクラテスの理性に委ねられた、あるいは委ねられざるをえなかったという点が重要です。なぜなら、ダイモニオンの声とは沈黙の禁止だからです。

ところで、この裁判でソクラテスの身に降りかかったこと、すなわち死刑の判決は、一般に人が、人間に降りかかる災厄のうちで最悪のものと考える出来事です。

「だが、例の神の印は、私が朝、家を出るときにも、ここへ来て裁判所に入るときにも、弁論のなかで私が何か言おうとしたときにも、一度も反対をしなかった。ところが、他の言論においてはいたるところで、それは話の途中で私を引き止めたのです。……それでは、なにがその原因だと私が考えているか、それを諸君に話そう。おそらく、今度の出来事は私にとって善いことであったのです。そして、死ぬことは悪であると私たちが考えているならば、その考えが正しいことはありえない。……なぜなら、私がなにか善くないことを為《な》そうとしていたのであれば、例の印が私に反対しないことはあり得なかったからなのです。」

（『弁明』四〇A―C）

ソクラテスは、この裁判の成り行きのうちにダイモニオンの禁止がなかったことを、「不正な裁判によるソクラテスの死を神が嘉《よみ》し給うたのであり、それはこの死が善であることを意味する」と解釈したのです。そして、「ダイモニオンの声という超越者との交わり」によって特別の根拠を与えられたソクラテスにとってのみならず、一般的に考えてみても、すなわち、どのような人にとっても、「死が善である」と信ずべき大きな希望《エルピス》があると言って、かれは死について先に述べた二つの論理的可能性の展開へと進むのです。

ソクラテスはこう言います。まず、仮に死がわれわれの存在の絶滅、無、夢も見ない眠りのようなものであるとしたならば、どうであろうか。それなら、「死とは驚くべき儲けもの」ではないか。なぜなら、もし人が夢も見ないくらいに熟睡した夜を選びだし、それに並べて、その全生涯の中から、この夜よりももっと楽しい昼と夜がどれだけあったかを言わねばならないとしたならば、しがない私たちは言うまでもないこと、ペルシア大王といえども、それがわずかしかないことを発見するであろうから、と。

しかしこの議論は、人によって自分の人生の評価が異なるであろうから、あまり説得力がないのではないか、と言われる向きもあるかもしれません。世の中には、生きているよりは死んだほうがましだと思うくらい、悲惨な人生を送っている人もいるしょうが、毎日が楽しくて仕方がない極楽トンボもいるでしょうから。

だが、ソクラテスが今述べたようなことを言うときには、ある特別の意味が込められていることも忘れてはなりません。すなわち、かれが悲惨な人生と言うときには、当事者の自覚の有無にかかわらず、すなわち当事者がどれほど楽しい思いをしているつもりでいても、悪を為しつつ暮らしているのであれば、そういう人生を指しているのであり、本当の意味での楽しい人生とは善を為す人生でしかありえない、と考えているからです。

そうだとすれば、私たちが悪を為さない昼と夜がどれだけあるでしょう。死んで虚無に帰してしまえば、もう悪を為すことも他人に迷惑をかけることも出来なくなるのだから、私たち半善半悪の小人の場合には、自分自身にとっても他人様にとっても、それは大きな善ではないでしょうか。これは、「虚無に没することでさえ、この世の生よりはましだ」というソクラテスの発言に対して、かれの考え方の基本原則から試みた私の解釈であって、かれが文字通りこう言っているわけではありません。

だから、この説明を穿《うが》ちすぎの読み込みとして無視してもよいのですが、しかしソクラテスは、もともとこの第一の選択肢をただの論理的な可能性として（あるいは、おそらくはまた、辛口のアイロニーとして）提示しただけであって、本気で信じてはいません。死刑の判決を下した人々に対して、辛辣《しんらつ》なジョークを飛ばしたのです。かれが信じていたのは第二の選択肢、すなわち魂の存続であり、それだから、それを物語る神話を「美しきロゴス、真実のロゴス」とも言っているのです。

さて、ソクラテスは第二の選択肢を「言い伝えによれば」という言葉で導入しています。言い伝えとは、簡単に言えば、「死がこの世からあの世への移住であり、あの世では生前の行ないに対する裁きが待ちうけている」という神話です。この神話は、ホメロスを初めとする多くのギリシアの詩人たちによって、またオルフェウス教の伝説などによって語り伝えられているものです。では、なぜソクラテスはこのような言い伝えに、すなわち、いにしえの詩人たちの言葉に信をおくのでしょうか。この点を理解するためには、ソクラテスの詩人観に触れる必要があります。

『イオン』篇によれば、優れた詩人とは神憑《がか》りの人（その中に神が内在する人――entheoi）である。ちょうど、磁石に引きつけられた鉄片が他の鉄片を引きつけて長い鉄の鎖ができるとき、その引きつける力が最初の磁石から来るように、詩人たちが真実の美しい詩句を歌うとき、それらの詩句はかれら自身の理性や技術によって産み出されたのではなく、神から霊感を吹き込まれて歌われているのである、と。

つまり、詩人たちは「神から理性を奪われて」、「正気を失い」、「神の召使となって」、「人間のものとは言えないような美しきことごと」を語り出すのである。詩人の言葉は軽やかで翼があり、聖なる息吹きに包まれているが、それは、かれの中にもはや理性がないからなのだ。こうして、詩人が真実の美しき言葉を語るとき、理性を失った詩人自身が語っているのではなくて、神自らが詩人を通してわれわれに語りかけているのである、と（『パイドロス』二四四D）。

このソクラテスの説明において、「理性や技術を失わなければ本物の詩人にはなれない」と言われている点が重要です。なぜなら、理性は人間の本質的能力なのですから、人間はなんらかの仕方で自己の本質的能力から脱出しなければ、詩人の歌うような真実には接しえないということになるからです。ハイデガーが真理の開示される境域として「脱存」（人間が自己から歩み出て存在の開け〈真理〉の中に立つこと――Ex-sistenz）を語り、その真理は詩人の言葉によってもたらされると言うとき、かれの示唆することは、ここでソクラテスの語っていることから基本的構造においてそれほど遠くないでしょう。

そして、啓示とは「人間が人間以上のものに接すること」だとすれば、ここには啓示の基本的性格が現れてもいます。すなわち、人間が自己の本質的能力である理性に固執するかぎり、換言すれば、「単なる理性の限界内で」真理を追求し続ける限り、人間は自己の内部を堂々めぐりしているだけで、自己の壁を突き抜けることができず、決して超越的なものに出会えないでしょう。

ソクラテスはそのような出会いの場を、一方ではダイモニオンの声として否定的に与えられてはいましたが、他方では、詩人たちを媒体としながら記憶を絶する遥かなる過去から由来も知れずに語り伝えられてきた、「あの世の物語」のうちにも見出していたのです。それは、多くの物語や詩歌の中で本質的な点においては驚くべき整合性をもって語り伝えられてきた神話であり、人類の心の奥底に沈殿している無意識からの声です。ソクラテスはこれらの神話の開く展望の中に、自己の生き方としての哲学を賭けたのです。

しかし、詩人についての話がこれで終わりになるわけではありません。なぜなら、ソクラテスはある意味では詩人に失望してもいるからです。すなわち、『ソクラテスの弁明』ではこう言われているのです。ソクラテスは知者を求めて先ず政治家と対話して失望し、次に詩人のもとへと赴いた。今度こそ本当の知者に会えるだろうと思って。

「だが、諸君、私は本当のことを言うのを恥じる。しかし、言わなければならない。……詩人たちについてわずかの間に私が知ったことは、かれらは知恵（sophia）によって詩作しているのではなく、……神がかりの熱狂状態においてなのだ、ということです。なぜなら、かれらもまた、多くの美しきことごとを語りはするが、自分が語っていることを何も知らないからなのです。」（二二B—C）

真実の美しき言葉を語る詩人たちは、自分の語る言葉を理解していないというのです。だが、それは当然です。かれらのうちでは理性が働いてはいないのだから。かれらは超越的なものが人間に現れるための単なる媒体にすぎないのだから。そうであれば、真実の美しき言葉は、空しく徒死しないためには、その意味を理解しうる者を呼び求めているでしょう。神秘の解釈者を必要とするでしょう。それがソクラテスの使命です。

それでは、「あの世の物語」はソクラテスによってどのように意味づけられているでしょうか。「あの世」は、一言でいえば、倫理が真に成立しうるための地平として、その地平の象徴的領域として理解されていると言ってよいでしょう。『ゴルギアス』篇の末尾で、かれは次のような主旨の神話を語っています。

人を生きている間に裁くと、しばしば間違った判決が下され、その結果、相応しくない者が死後、ときどき幸福者の島にやって来たりする。この間違いを聞いた主神ゼウスは、「それは裁判のやり方がまずいからだ。やり方を変えよう」と言う。というのは、地上では皆が衣服を着たまま裁判を受けているから、間違いが起こるのだ。すなわち、邪悪な魂を持ちながら、美貌とか、家柄とか、財産とか、権力とかを身にまとい、それに加えて、さらには多くの偽証者をも動員して裁判を受けることになると、保身に汲々とする裁判官は度胆を抜かれて震えあがってしまい、真実が見えなくなってしまうからである。

だから「人間たちは、すべての衣装を脱ぎ捨てて、まる裸になって裁判を受けねばならない。すなわち、死んでから裁かれねばならない。また、裁判官もまる裸でなければならない。つまり、死んでいなければならないのである」（『ゴルギアス』五二三E）。すなわち、人はあらゆる飾りを剝ぎ取られて、魂だけになって裁きの場に出なければならないのです。

そのとき、裸の魂は人の正体をはっきりと現します。地獄の裁判官ラダマンテュスは、一人一人の魂を摑まえて観察するのですが、ペルシア大王とか暴君アルケシラオスのような力のある者たちの魂を見ると「その魂には健全なところがまったく無く、嘘や不正によって魂に刻みつけられた傷痕がいっぱいに付いている。その魂は真実（alētheia）を欠いて育てられたためにねじ曲がっていて、何でも思いのままに出来る権力と、豪奢な生活と、傲慢と、無抑制のために、醜さに溢れかえっている」（『ゴルギアス』五二四E—五A）。こうして、かれらは地獄の責め場へ追いやられることになります。

だが、なぜ地獄にまで追い込んで処罰しなければならないのでしょうか。それは、醜い魂を美しい魂へと浄め、悪しき者を善き者にするためです。およそ肉体の病に罹《かか》った者で健康体へ戻ろうと望まぬ者は存在しません。しかし健康体へ戻るためには、病患部を切ったり焼いたりして健康な状態へと復元しなければなりません。もし治療を受けないままに過ごすならば、かれの病勢はますます募ってついには癒し難きものとなり、挙げ句の果てには死んでしまうでしょう。

同様に、悪や不正が魂の病気であり、処罰が病気の治療であるならば、不正を犯して処罰されないままに人生を渡る者は、魂の健康すなわち幸福へ到達する可能性を自ら捨てた者として、不幸の極限にいる者なのです。だから、不正を犯した者は進んで処罰を受けなければなりません。それは、自分自身のためです。犯した不正が鞭打ちの刑に値するものならば、身を鞭打ちに委ね、投獄の刑に相応しいものならば投獄され、死刑に値するものならば死刑に処せられることが、本人が幸福になりうる唯一の道です。

このように、処罰は、病める者が健やかな者へ、悪しき者が善き者へと癒されるための必然的道程であるのだから、不幸にして生前に処罰を受けそこなった者は、死後それを受けなければなりません。それが地獄の責苦です。換言すれば、人間の心の奥底に善への希求があり、それの実現のうちにのみ真実の幸福があるのだとすれば、この事態は死後の裁きと地獄の存在を要請しているということに他ならないのです。

さて、この神話は何を言いたいのでしょうか。その意味は次のように解釈できるのではないでしょうか。私たちは何らかの意味で不滅の存在者である。なぜなら、そうでなければ、私たちがこの世にある間、行為の原理として受容してきた倫理道徳がその成立基盤を失うからです。その成立基盤とは人間の真実の姿ということです。人間の真実の姿は死んでみなければ誰の目にも明らかにはならないのであり、それが明らかになる場が、あらゆるこの世の衣装を剝ぎ取られてまる裸になった魂として神々の前に立つ裁きの場だ、とこの神話は語っているのです。

しかし、この世にある間においても、私たちはできるだけ正体を覆い隠すさまざまの衣装を脱ぎ棄てて、裸の魂となって生きなければなりません。それが『パイドン』篇の語る「死の訓練としての哲学」、すなわち「死んで生きる」ということです。その際、かさぶたのように、われわれの魂に貼りついているもろもろの偽りの衣装、名誉、財産、地位、能力、美貌などの人を眩惑する化粧品、様々のいかがわしいドクサ、迷信、イデオロギー、新奇な思想等々を引き剝がしてゆく作業が、ソクラテスの対話活動、反駁的吟味にほかなりません。

いかがわしいまがいものを焼き尽くすこの否定の精神による否定の炎によって初めて、「善」が現れうる地平が開けるのです。そしてさらに、この神話は、人間が善を求めながら悪を脱しえぬ存在者であるかぎり、悪の癒しの場としての浄めの場を要請しているということをも語っています。

このことは、逆に言えば、人間の生を人間の生として成立させている「善」は、いわば死をも超える超時間的な実在性を要請しているということでもあります。ちょうど、スイスの神学者カール・バルトによって「神の息吹」と讃えられたモーツアルトの旋律が、かれの死を超えていわば超時間的に、永遠の美を私たちに予感させているように、あるいはまた、聖フランチェスコの美しき生が、かれの短い生を超えていわば永遠に、「善」の圧倒的な美しさを仄かに味わわせてくれているように、善と美は、したがってそれを実現しうる人間は、永遠を宿しているとソクラテスは言っているのです。

もちろん、ソクラテスがいま述べたような神話を文字通りに信じていたはずはありません。しかし、そのような神話が指し示す象徴的な光に「己の人生を賭けることは美しい」と言い、そして、かれはそれに賭けたのでした。そして、その賭けに相応しく、裸の魂となって、この世の危険と誘惑に充ちた大海原を渡ったのです。

第二章

他者

「シナイ山」(『イスラエルに見る聖書の世界〈旧約聖書編〉』[撮影・横山匡、1987年](株)ミルトス)

1　孤独の突破

みなさんは今日から大学生です。大学生になったというのは、一人前の大人になったということです。だから、これからは自分の頭で考えなければなりません。「人生いかに生きるべきか」とか、「人生の意味は何であるか」とか、「人間の幸福は何であるか」とか、そういう大事な問題を自分で考える。自分で考えるとは自己責任ということです。人に言われたからこういう生き方をするとか、こう考えるというのではなくて、人に言われたことを自分でよく考えて、自分で納得して、自分のものにする。そのためには「懐疑の精神」というものもなければならない。本当なのかどうなのかを考える精神がなければならない。

人間とは本来そういうものです。そして、哲学がまさにそういう営みだから、みなさんも吟味の気持で私の話を聴いてもらいたい。自分で考えて、私が言っていることが本当なのかどうなのか、自分で判断して聴いてほしいわけです。

さて、入学式に相応《ふさわ》しい話とは何かと考えましたが、そこで、ちょっと思いついたのは、みなさんと同年齢の一八歳のときに、私が何を考えていたかを思い出してみようということです。

一八歳は、ちょうど私もみなさんと同じように大学に入った年です。その時、私は孤独感に苛《さいな》まれていました。私は受験勉強している最中に、「あっ、俺には友だちがいない」と、ある日ふと思った。そして、大学の合格発表を見ても、全然嬉しくも何ともなくて、「ああ、友だちがいない、俺は一人ぼっちだ」。

そういう孤独感というのは、まあ、孤独ノイローゼでしょうね。大学生活の最初の一年半位は、この孤独感を乗り越えるのが大変だった。それが、私が一八歳の時の大きな苦しみでした。それともちろん関係があるのですが、人生いかに生きるべきかとか、人生の意味は何であるかとか、そういう問題を高等学校の時から私はずっと考えていた。それで、大学の入学式に行って、学長先生の話からこの問題への答えが聴けるかなと思いながら、入学式に臨んだのです。

私が大学に入った時の学長は南原繁先生、教養学部長は矢内原《やないはら》忠雄先生という偉い人でした。私は戦争世代で、戦争中に小学生から中学生をやってたわけです。だから、戦争というのはどんなにひどいものか、かなり知っています。その矢内原先生とか南原先生という方は、戦争中に国家権力に反抗したのです。その頃、権力に反抗するというのはすごく怖ろしいことで、矢内原先生は大学教授を辞めさせられてしまいました。南原先生も権力に迎合することなく、戦後のことですが、時の総理大臣吉田茂と喧嘩したりしています。とにかく、戦争に負けた直後でもあり、そういう偉い先生が学長や学部長に就いているのだから、何か話が聴けるかなと思ったのです。

しかし、単刀直入に人生の意味はこうだとかいう話は、その先生方はしてくれませんでした。私はそういう話を求めていたわけです。いずれにしても、私はそこで答を得ることが出来なくて、すごく悶々《もんもん》としてたわけです。それで今日、それから五〇年以上経ったのだけれど、私も人生をだいぶ長い間歩いて来て、自分がその時に失望感を抱いたから、私の乏しい人生の経験から、人生の意味について私はこういう結論を得たのだという話を、みなさんにしようかと思います。

さて、私の考えでは、何のために生きているかというと、「かけがえのない人に出会うために」生きているのです。何のために生きているか。美味しいものを食べるために生きているのでもないし、お金を儲けるために生きているのでもないし、名誉を得るために生きているのでもなくて、「かけがえのない人に出会うために」生きている。それが、私の七〇年の結論。そういうかけがえのない人に出会うことによって、自分もかけがえのない人間になる。

それはどういうことかというと、人間は誰でも、自分を肯定したいのです。自分を認めてもらいたい。自分の存在を。だけど、自分の存在を自分で肯定できるでしょうか。「私はいい人です」と自分で自分に言って、それで、人間は自分の存在を肯定できたと思えるでしょうか。

「私はいい人です」と自分で言ったって何の意味もない。肯定にも何にもならない。それは人間が自分で自分を支えることが出来ないということです。

当たり前です。私たちは大地の上に乗って、大地に支えられて生きているのです。自分で自分を支えようと自分の足を自分の手で持とうとしたって、そんなこと始めから出来るはずがない。自分で自分を肯定するというのは、そういう滑稽な仕業です。意味のないことです。自己満足というのは全部、空中で手足をばたつかせているようなことなのです。

では、誰が、どういうふうに、自分の存在を肯定できるのでしょうか。自分の存在に意味があるとは、どういうことなのでしょうか。それは、人との交わりの中で自分の存在に意味があるのかないのか、ということで決まるのです。人との交わりの中で自分がかけがえのない人間になるかどうか。このことによって、自分の存在に意味があるかないかが決まるのです。

人との関わりがなくなってしまうと、自分もなくなってしまいます。自分で「私はいったい何者だ」と考えた時に、たとえば、父がいるとか母がいるとか、兄弟がいるとか、友だちがいるとか、学校ではクラブ活動をしているとか、いろんなそういう自分と人との関わりの網の目があるでしょう。そういう網の目以外のどこかに、自分という者がいるのでしょうか。誰との関係もなしに、自分自身という者がどこかにいるのでしょうか。そんな自分はいないのです。いつでも何か人との関わりの中で、自分というものが存在しているのです。人との関わりがなくなってしまうと、人間は虚無の中に墜落して、蒸発して消えてしまうのです。

そうだとすると、どうしたら、かけがえのない人に出会えるのかということが問題になるわけです。自分にとってかけがえのない人が大事なんだと言ったら、では、どこで、どういう時にかけがえのない人に出会えるのか、と聞かなければならないでしょう。

かけがえのない人とはどんな人でしょうか。皆が憧れるような人でしょうか。とても頭のよい人とか、とても美しい人とか。事実、人間はみんな、力が強いとか、頭がいいとか、社会的地位が高いとか、金持ちであるとか、そういうことに憧れるわけです。それは皆、力を持ちたいからです。「力」です。そして、自分の存在を強くして、その力によって人を引きつけようとする。逆にいえば、力のある人に近寄ると何か得があるかと思って、美しい人とか、頭のいい人とか、お金のある人とか、社会的地位のある人とか、そういう人に近寄りたがる。それは人間が本質的にエゴイストだからなのです。

エゴイストとは自分のことばっかり考えている人、自分に得になることばっかりしている人です。それはふつう非難の言葉です。しかし、人間は本質的にエゴイストなのです。どうしてかと言うと、生きるということは、食べ物を摂って自分を太らせ、衣服を着て寒さを防ぎ、家を建てて風雨を凌ぐことでしょう。それにはお金が要る。お金を儲けて、それで自分を太らせる。あるいは、人と競争して社会的地位を獲得する。そうやって、いつでも自分を守って、自分の存在を強くして、生きているのが人間なのです。だから、人間はどうしたって本質的にエゴイストなのです。生きるということが、ある意味で人を押しのけて自分の居場所を確保することだからです。

アウシュヴィッツについては聞いたことがあるでしょう。そこにナチスドイツが造った絶滅収容所というものがあって、ヒットラーという独裁者がユダヤ人を地上から抹殺しようとしました。ヨーロッパ中から集められたユダヤ人たちが、アウシュヴィッツの、その絶滅収容所に押し込まれたのです。その時に、もう食べる物もないし、どうせガス室に押し込まれて、みな殺されてしまうのだけれど、その時でさえ、一片のパンを、その地獄の中にいるユダヤ人同士が奪い合ったと、プリーモ・レーヴィという生き残りのユダヤ人が書いています。そのくらい極限状況に追い込まれると、人間は自分が生きるために本能だけで動く動物になってしまう。

今、私たちは食べ物なんか少しも困らない時代に生きているし、みなさんは戦争の経験もないから、飢餓というものがどんなものか知らない。私は戦争中に小学生とか中学生だったから、食べ物がないというのがどんな怖ろしいことか、いくらか知っています。しかし、そういう状況ではなくたって、今みたいに物が溢れて、食べ物の奪い合いをする必要がない世の中になっても、それでもまだ、もっと多くの快楽を享受しようとか、社会的地位がちょっと高い方に行こうとか、少しでもお金を余計に儲けようとか、みなそういうことにあくせくしている。それは同じことです。食べ物を奪い合うことと本質的に同じことなのです。

それで、私は何を言いたいかというと、そういうふうに、いろいろお金とか社会的地位とか能力とか、そういう力をたくさん身に付けるということは何か。それは、自分の存在を強くして、人を支配しようとすることなのです。そして、人を自分の周りに集めて、自分の言いなりにして、生きようとすることなのです。しかし、そうやって生きている限りは、人間は絶対に、本当に人と交わることが出来ないのです。かけがえのない人には出会えないのです。このことは、今日のテーマでいうと、孤独を脱出できないということです。

お金も、社会的地位も、才能も、美しさも、魅力も、全部「力」です。「力」は支配するものです。しかし、交わりは、支配することの反対なのです。キリスト教は「愛」ということを言います。その「愛」は、「力」とは反対のことです。こういうことを考えてみてください。財産とか、地位とか、才能とか、そういうものは、人間の周りに壁を造ってしまうのです。たとえば、大金持ちの家というのは、お城みたいにコンクリートで造ってあるでしょう。その上、自分の家の周りにコンクリートの塀なんかまで造っている人もいる。泥棒に入られないように。財産を盗られないように。

アメリカでは、金持ちたちが郊外に広い土地を買って、周りに塀をめぐらせ、貧乏人や無法者が自分たちの生活を邪魔しないように、城塞都市を造っているそうです。あれは人を遮断しているのです。しかし、お金なんか全然ないと、人に盗られるものなんかないと、塀なんか造る必要はありません。鍵なんか掛けなくたって、窓を開け放しにしといたって平気の平左です。なにしろ、人に盗られるものなんかないのだから。そうやって、塀もない垣根もないようなボロの家に住んでると、人が自由に入ってくる。開け放しになっているから、誰でも入れる。人間が自由になる。

金持ちというのは、自分の財産を守らなければならないから、それでお城みたいな家を建てる。その上、もっとひどいのは、要人警護というのがあるでしょう。偉い人は、自分の周りに壁を造って歩いているのです。本当に、ただの人が偶然にやってきて、平気で「こんにちは」って声かけて握手しようとしても、できないような壁を造って歩いているのです。偉くなるとそうなってしまう。身分も財産も社会的地位も何もなければ、誰もうらやましがらないし、そうなれば別に、自分の周りに垣根を造る必要もないし、他人を恐れる必要もない。

江戸時代の末に良寛という偉いお坊さんがいました。その人は越後の国の日本海に面した小さな山に、五合庵という四畳半かそこらの小さな庵を結んで住んでいました。お説教が嫌で寺を持たなかったのです。この人は、本当にすごく偉い人。あるいは、何でもないただの人。とてもおもしろい人です。

ある日、その五合庵に托鉢《たくはつ》から帰ってみたら、どうせ乞食坊主《こじきぼうず》だから財産なんか何もないのに、家の中でごそごそ音がする。そっと見たら、泥棒が入っていた。泥棒は良寛の布団を持って行こうとしていたのだそうです。それで良寛は、「俺みたいな乞食坊主の家に、よくまあ泥棒さん入ってくれたな」、「俺より困ってるなんて」と、そんなふうに物かげから泥棒が自分の布団を持っていくのを見ていて、別に「泥棒だ」なんて騒がない。俺んとこに入るっていうんだから、とんでもなく困ってるにちがいない。「どうぞどうぞ、持って行ってください」と。

良寛については、いろんな話がありますが、もう一つ言うと、夏、ゴロっと寝てると蚊が一杯やって来て刺すでしょう。裸で寝てるんだから。蚊が刺してるのにちっとも蚊を叩かない。蚊だって少しは血が欲しいだろうと、痒いのに刺されっぱなしで寝てるんだそうです。これには仏教的生命観が根底にあるでしょうが、とにかく、蚊を叩かない、そういう人。だから、自分を守らなくなると、こんなふうに自由になれる。自分のものを抱え込んで、社会的地位とか財産とか名誉とか何だとか、宝物をいっぱい抱え込むと、人間は自由を失う。まあ、生きるために、簡素な生活に必要なものくらいは持っていてもいいけれど。必要なものなどないというところまで徹底できれば、全部棄てる。何も持たない。そうなれば自由になる。

そうなると、人は人に出会えるようになるのです。自分を守らなくなると、人に出会えるようになる。それは、今の良寛の話で分かるように、自分が裸になって、何も持たずに、自分を飾っている権力とか地位とか才能とか魅力とか、そういうものを脱落させて、ただの人になるということです。おそらく、その時初めて、ただの人に出会えるのです。ただの人が、ただの人に、本当に交わるのです。いろいろな自分の飾りを大事に持ち歩いて、自分を飾っている限りは、人は本当に人に出会えないのです。飾りを全部はぎ取って、自分の正体をさらけ出した時に、人は本当に人に会えるのです。

哲学者とは、こういう非常識なことを考えている人間です。それで最後に、聖書の話をしましょう。「善きサマリア人」という話があるのです。どういう話かというと、ある時、エルサレムからエリコへ下ってゆく道でユダヤ人が強盗に襲われたのです。そして、強盗に身ぐるみ剝がれて、半死半生で道ばたに捨てられた。そしたら、向こうの方から司祭が下りてきた。エルサレムという街はかなり高い山の上にあって、そこからずっと下りてくると、海面下二五〇メートルの低地にエリコという町がある。そのエルサレムから司祭とレヴィ人が下りてきたというのです。

レヴィ人とは、その当時のユダヤ教の教会組織の中では下級司祭のことです。つまり、両者ともにいわゆる聖なるユダヤ教の聖なる仕事に携わっている聖職者たちですが、そういう人たちが下りて来たのです。そうしたら、強盗に身ぐるみ剝がれて半死半生になっている人を見ると、かれらは道の反対側を見て見ぬふりをして行ってしまったそうです。司祭とレヴィ人がです。ひどい話ですね。かれらは凡俗の人ではないのだから。

そしたら、そのあとで、サマリア人の商人がやって来た。サマリア人というのは、ユダヤ人がものすごく軽蔑していた人たちです。「汚れた人間」とユダヤ人が言っている。サマリア人とユダヤ人はもともとは同じ種族だったのですが、紀元前八世紀に北イスラエル王国がアッシリアに滅ぼされて、その時にサマリア人と言われている人たちが異教の地アッシリアに拉致され、そこの宗教の影響を受けて、純粋なユダヤ教から少し離れた生き方を始めてしまったのです。その人たちがサマリア人と呼ばれて、ユダヤの人たちから軽蔑されていたわけです。「こいつらは、異教の影響を受けて汚れたんだ」とユダヤ人が嫌悪しているわけです。だから、近親憎悪みたいなものです。もともと同じだったのですから。

そのサマリア人の商人が通りかかり、可哀想に思って、その半死半生のユダヤ人を助けて、宿屋に連れていって介抱して、「もっとお金がかかったら、今急ぎの用事でまた商売に行くんだけど、帰りに寄って払うから、ちゃんと手当てをしてください」と言って、金をおいて旅立ったというのです。それで、これはイエスの譬《たと》え話ですが、「どちらがその死にかかったユダヤ人の本当の隣人なのか」とイエスが聞いたわけです。その答えは言うまでもありません。知らん顔して通り過ぎて行ったユダヤ人の司祭たちではなくて、軽蔑されていた「汚れたサマリア人」が死にかかったユダヤ人の本当の隣人です。同族の立派なユダヤ人ではなくて、異教化した汚れたサマリア人の方が本当の隣人です。なぜなら、人間らしい人間だからです。

なぜこんな話をしているかというと、イエスの当時のユダヤ教は律法の宗教で、「汚れ」をものすごく忌み嫌ったのです。——でも、イエスの当時のユダヤ教だけではないかもしれない、もしかしたら、キリスト教も同じ間違いを犯したことがたくさんあるかもしれません。——そこには、たくさんの掟があり祭儀があって、掟や祭儀を守るという仕方で清く生きている人だけが、本当に神に救われるいい人だと考えられていたのです。だから、律法を守らないで、ユダヤ教の教えと違うようなことをしている人たちは救われない。

それはどういう人たちかと言うと、まず、祖先の伝統から離れて異教に同化したサマリア人。それから、植民地支配をしているローマ人の手先になって税金を取っている人——聖書に書いてある徴税人ですが、外国人の手先だからとんでもない奴。それから売春婦。それから漁師とか農民。無学で忙しくて律法など守ってる暇はない。毎日毎日、食べるために働かなければならないから、決められた祈りなんて唱えているはずがないし、貧乏だから神殿にお賽銭あげるわけでもない。こういう連中はみな人間のクズだから、全部救われない。ユダヤ教の共同体から排除されてしまう。その中には、病人もいる。それから今の話の、半死半生になった死にかかったような人。それに、重い皮膚病と聖書に書かれているような人たちは町から隔離されてしまう。こういう病気にかかるのは、なにか罪があったからだ、それへの罰なのだ、と。

そして、イエスは何をやっていたかというと、ユダヤ教の清らかな生活を送っている共同体から排除された人たち——売春婦とか徴税人とか重い皮膚病の人とか律法を守れない人たちを集めて、かれらの仲間になる。「お前たちは呪われた奴らだ」と言われて、ユダヤ教の共同体から排除されてしまった人たちを周りに集めて歩いていたのが、イエスという人でした。

この「善きサマリア人の話」のポイントは次の点にあるのです。なぜ司祭は、強盗に襲われて半死半生で道端にころがっていた人を、見て見ぬふりをして通り過ぎて行ってしまったのか。それはおそらく、もしかして死人かもしれないと思ったからです。律法では、聖なる祭儀にたずさわる人は、死人とか半死半生の人間に触れてはいけません。なぜなら、自分が「汚れる」からです。祭儀の執行に関わる自分が汚れるということを、ものすごく怖れたわけです。だから、汚れないように気をつけて、知らん顔して、なるべく離れて、半死体から汚染されないように、道の反対側を通り過ぎて行ったのです。

ところで今度は、その半死半生のユダヤ人は、自分がそういう状態になったので、ユダヤ人の共同体から見捨てられたということが分かりました。「清らかに生きていることだけが価値がある」なんて言ってるユダヤ教の教会なんて、あんなのは嘘の共同体だと分かったのです。「汚れたサマリア人とは口をきいてもいけない」とユダヤ人は言っていた。だけど、わが身を忘れて助けてくれたのは、その汚れた人だった。半死半生のユダヤ人は自分が見捨てられて初めて、その汚れた人が本当の人間だと理解し、かれの介抱を受け入れることが出来た。そういう話です。

この話の意味は、疎外された人が、同じく疎外された人に近寄るのだという点にあります。裸の人間が、きれいごとで作っている社会の掟とか人間の価値とか、そういう社会的な格付けから脱落してしまって本当に裸になった人間が、裸になった人間に接触して、初めて本当に人間と人間との交わりが生まれたのだという話です。

だから、本当に人と交わるためには、自分自身が本当に裸にならなければならない。いろんな、嘘っぱちの、社会的な格付けをできるだけ捨てることが大事です。それで、そろそろ話の結論にしますが、話の始めは、孤独をどうやって突破するか、という問題でした。それは、自分をどうやって肯定できるかということでした。その場合、いくらもがいても、自分の肯定は自分ではできません。人に肯定してもらうしかない。人に肯定してもらうには、かけがえのない人に出会わなければならない。しかし、かけがえのない人にどうしたら出会えるのか、そこが問題です。そのかけがえのない人に出会って、自分がかけがえのない人間になるというのが、どうして可能なのか、そういう問題です。

その時に、そのかけがえのない人間というのを、美しい人とか、頭のいい人とか、社会的地位の高い人とか、お金のある人とか、そういうふうに考えたら大間違いです。それらのいわゆる美点は、他人を支配する力です。あるいは、支配することによって人を遮断してしまう

「力」です。皆そういうものを求めて生きているのですが、それは、実は自分を強くするための「エゴイズムの運動」なのです。人間が存在欲求であるということを現しているのです。

かけがえのない人に出会うというのは、自分の好みの選択によって人を選ぶことではなくて、いま話した「善きサマリア人」の例から分かるように、出会いがしらにぶつかった苦しんでいる人と運命を共にするということなのです。レヴィナスという哲学者はこう言っています。「愛するとは、否応なしに出会った苦しんでいる人に、どこまでも、無限に、責任を負いつづけることである」と。

哲学は逆説が好きです。かけがえのない人に出会うということは、だから、自分のことを忘れてしまうということです。これが自分を肯定するということです。自分が消えてしまう、自分が無くなってしまう、これが自分を肯定するということです。人に尽くして、人のために何か一所懸命やって、自分のことを全部忘れてしまって、自分なんかもう頭から消えてしまった時に初めて、人間は孤独を脱出して、自分の存在が肯定されるのです。

これに対して、自分を大事にして、自分には価値があるとか、自分の存在には意味があるとか、自分は素晴らしい仕事をしたとか、自分自身の肯定とはそういうことではありません。本当に自分自身が肯定されるためには、自分を忘れてしまうというところまで行かなければだめなのです。自分を忘れてしまうとは、今のサマリア人のように半死半生のユダヤ人に出会って、心の奥底から惻隠《そくいん》の情が湧き上がって、その人のために、われを忘れて尽くすことです。サマリア人だって商売の途中だから忙しかっただろうし、いろんな用事もあったことでしょう。しかし、そういうものを全部忘れてしまったのです。

レヴィナスは、誰かが溺れかけているのに出くわした時に、自分が泳げるのか泳げないのかも忘れて水に飛び込むのが、善い行為というものだと言っています。自分を忘れてしまう時に、その人は本当の人間になる。だから、自分を忘れてしまうこと、それが人生の意味です。

そうであれば、ずっと問題にしていた「かけがえのない人」とはどういう人でしょうか。それは苦しんでいる人です。人生、歩いてる間、いろんな人に出会うでしょう。金持ちとか、秀才とか、美人とか、強そうな人とか、威張っている人とか、謙遜ぶっている人とか、それから困っている人とか、弱っている人とか、助けを求めてる人とか、いろんな人に出会います。その場合、挫折した人とか苦しみの色を帯びた人に出会った時に、人間は本当の交わりに入れる可能性があるということです。

何かとんでもない話ですね。今、私の言ってることの意味は、みなさんがこれから人生をだんだん歩いて行くうちに分かると思います。人生はきれいごとではありません。こんなこと言ったら人に相手にされなくなってしまうとか、自分のこんな正体を現したら友だちがいなくなってしまうとか、どうしても人に隠しておきたいこととか、そんなことがあるでしょう。けれども、世間体を気にしたり、自分を格好よく見せたいとか、そういうふうに考えて生きてるうちは、人間は本物にもなれないし、本当の人に出会うことも出来ないのです。自分がいちばん隠しておきたいこと、自分がいちばん人に知られたくない弱点、それを隠さないで生きることが大事です。

本当に、人生は苦しいものです。なんの苦しみも負っていない人などこの世の中にはいません。こんなこと人に知られたら大変だなんて思うことも、一つや二つ誰にでもあるのです。そういうことから逃げていたのでは本物にならない。そういうものを正面から受け止めて、そういうものを自分で背負って、あからさまにさらけ出して生きることが出来た時に、本当の人に出会う可能性が生まれるのです。そういうことが分かるのに、私は山のように本を読んで、いろいろな挫折を経験して、多くの人々を傷つけて、自分も泥の中を這って、六〇年ぐらいかかって、やっと今頃そういうことが少し分かりかけて来たのです。それが、今日、「孤独の突破」という題でしようと思った話です。

2　人間の高さ――レヴィナスの哲学から

　レヴィナスは、つい先ごろ亡くなったフランス国籍のユダヤ人哲学者です。親兄弟はみなナチスにより殺されましたが、自分自身は捕虜収容所を生き延びた人です。

　そのレヴィナスの語ることは本当に難しい。どうして難しいかといいますと、哲学はふつう論理的に出来ています。ところがレヴィナスは、ふつうの論理では理解できないような言葉を語るのですね。それは、レヴィナスが自分の体験に基づいた思索をしているためで、その体験のところにまで下りていかないと、かれの語る言葉が何を言っているのかわからない。

　そういう哲学であるにもかかわらず、それをわかりやすく話すということは結局ふつうの表現に言い直して話すということになるので、それが非常に難しい。そういう意味で難しい哲学なのです。しかし、今日、私はどれくらいやさしく話ができるか努力してみたいと思っています。私は話を、三つの段階を追って展開してゆきたいと思います。

最初は、現代がどういう時代かということです。現代は、一言で言うと神なき時代、あるいは、ニヒリズムの時代です。それでは、神のない時代とはどういうことを意味しているか、ということを最初に話します。それから、他者とは何であるかという話をします。そして最後に、神あるいはレヴィナスの言葉では「無限」ということになるのですが、その「無限」の話をしようと思います。

さて、その神なき時代とはニヒリズムの時代ということですが、現代はニヒリズムが日常化した時代です。ニヒリズムとは、なにものにも価値がない、すべての価値が無価値になった、そういう意味です。このことをはっきりと言った哲学者は一九世紀末のニーチェです。かれは「神は死んだ」と言ったのです。それが、哲学的にニヒリズムがはっきりした形をとった始めです。

ニーチェは「人間が神を殺した」と言うのです。神を殺すとはいったい何をしたのか。人間は海を飲み干したのだ。海を飲み干すなどというとんでもないことをやらかすことが本当にできたのか。あるいは、人間は太陽の光を消したのだ、と。で、そういう大それた行為をした人間は、その行為の意味を理解しているのか。太陽を消してしまえば、もう真っ暗闇です。真っ暗闇で上も下もない、右も左もない、寒い暗い夜の闇の中で人間はただださまよっている。そして、そういう巨大な殺害の所業、そういう仕業にふさわしくなるために、人間は自分自身が神にならなければならないのだ、と。

このことをニーチェは『朗らかな知識』という本の中で書いているのですね。この『朗らかな知識』(Fröliche Wissenschaft) という題名は、中世に、南フランスのプロヴァンス地方の宮廷を経《へ》巡《めぐ》っていたトゥルバドゥールという吟遊詩人たちの歌から来ていて、かれらは主に恋愛詩や騎士物語を歌って、明るく華やかな人生を謳歌していたのです。

ニーチェは病気と精神的苦悩からの脱却を象徴するために明るい吟遊詩人の歌からこの題名を借用し、道徳を飛び越えて舞踏する自由精神を表そうとしました。この著作にはすでに「神の死」や「永劫回帰」の思想が現れていて、道徳から解放された人間の自己神化も語られているのですが、では、これらの思想が本当にニーチェを明るくし、人生を明るくしたのでしょうか。

この本の中に、「狂気の人間」という章があります。そこでニーチェは何を言っているか。今のこととの関連で、そこのところは非常に迫力があるというか感銘が深いので、ちょっと要点をとりあげてみましょう。狂気の人間が真っ昼間に、カンテラに火をともして街の中に飛び込んでゆくのです。昼間にカンテラをつけてるなんていうのもおかしいですね。頭が狂ってるわけです。

で、何をしてるかというと、「私は神を探している　私は神を探している」と大声で叫んで、それで真っ昼間にカンテラを提げて市場の中を走り回っている。そうすると、その周りにいる人たちがみなあざ笑って「なんだ、おまえは。神を探しているなんて。神はどこかに隠れたとでもいうのか。それとも船出でもしたというのか」と。周りにいる人々はみんな、もう神を信じていない人なんですね。そういう人たちが口々にそう叫んだ。そこで、その気の狂った男は人々の真ん中に飛び込んで、神を信じないとはどういうことなのかを、君たちは未だ理解していないのだと言い、かれらを見据えて次のように言ったのです。

「神はどこへ行ってしまったのか、だと。よし、僕は君たちにちゃんと言ってやろう。われわれが神を殺してしまったのだ。僕や君たちがだ。われわれはみな神の殺害者なのだ。だが、どうやってわれわれはそんなことをやらかしたのか。どうやってわれわれは海を飲み干せたのか。視界を全部ぬぐい消せるような黒板ふきを、われわれは誰からもらえたのか。いわばわれわれがこの大地を太陽の呪縛から解き放したとき、われわれは何をしでかしたのか。

大地は、それじゃあ今はどこに向かって動いているのか。われわれ自身はどこに向かって動いているのか。一切が太陽から離れていっているのではないか。われわれはもうずっと墜落し続けているのではないか。しかも後方へも側方へも前方へも、ありとあらゆる方向へ。いったいまだ上や下は存在するのか。われわれはいわば無限の空無の中をさ迷い続けているのではないか。われわれにふりかかってきているのは空虚な空間の息ではないのか。あたりが寒くなりだしてきているのではないのか。ずっと夜ばかりが続いて、ますます夜の暗さが深まってきているのではないか。だから午前中にも角灯に点火する必要があるのではないのか。」

続いて、神の死骸が腐り始めた臭いが臭ってきていると言って、さらにこうつけ加えたのです。

「あらゆる殺害者の中の殺害者であるわれわれは、どうやって自分をなぐさめ元気を取り戻したらよいのか。これまで世界が所有した中でもっとも神聖でもっとも強力であるもの、それがわれわれの刀で斬られ出血して倒れてしまったのだ。この血をわれわれから拭き取ってくれる誰がいよう。どの水で、われわれは自分を洗い清めたらいいのだろう。どんな贖罪の儀式を、どんな神聖な式典をわれわれは発明しなければならないことだろう。こうした殺害という所業の巨大さは、われわれにはあまりにも巨大すぎるのではないか。その所業の巨大さにふさわしくなるためだけにでも、われわれ自身が神々にならなければならないのではないか。」

これが『朗らかな知識』(一二五)の中でニーチェが言っていることです。そして、今お話ししたことは、みなさんはもうお察しのことと思うのですが、シェークスピアの『マクベス』

での王の殺害のイメージと重なります。血をいくら拭っても、拭いきれない場面が出てきますね。黒澤明の映画「蜘蛛巣城」にも出てきますね。そのイメージがここにあります。このニーチェの言葉にあります。

しかし、この殺害の所業が、すでに行なわれても、まだ現実にそれが人間に自覚されるには時間がかかるのだ、とニーチェは言います。だからニーチェ自身は、自分はあまりにも早くこの世にやって来すぎたのだと言うのです。この神の殺害という出来事は、まだずっと遠い何億光年も彼方の星の出来事で、その彼方の星の出来事が地球に到達するのに何億年も時間がかかるわけですね。何億年も経って、その遠い、遠い星の出来事が地球上ではじめてわかる。そのように神の殺害という出来事も、もっともっと時間がかかって、それがどんな酷《ひど》いことなのかということが解るのにはまだ時間がかかる、とニーチェは一九世紀の末に言ったのです。

しかし、それは今、二一世紀の初頭になってみると、ニーチェが予言した遠い星の出来事だったのではなく、われわれの周りの現実であったということです。

その話の一つはこうです。いったい人間とは何者か、犯罪者とは何者かということを、『ツアラツーストラ』という書物の中でニーチェは語っているのです。これが非常におもしろい。非常におもしろいというのはですね、先年一七歳の少年が人殺しをしました。「なぜ人殺しをしたのか」と聞かれて、「人殺しを経験してみたかったから、人殺しをしたんだ」と答えたのです。ごく最近では、「人を壊してみたかったから爆発物を仕掛けた」と言った少年も現れてきましたね。

そんな、とんでもない、と誰でもまあ思うでしょう。恨みがあるから人殺しをしたとか、物盗りをしたかったのだが、見つかって、はずみで人を殺してしまったとか、そういうんじゃない。人殺しをしたいから人殺しをしたんだ、と言ったわけです。しかし、それはなにも驚くべきことではないのです。この神が死んだという世界では、なにも驚くべきことではないのです。そのことをニーチェは『ツアラツーストラ』の中で言っています。これはニーチェの主著の一つですが、その中に「青白い犯罪者」という章があります。その中で、こういうことが言われているのですね。

「君たち裁判官たちよ　聞け。ある別の狂気があるのだ。君たちはこの魂の中に、まだ十分に入りこんでいない」。この魂とは犯罪者のことです。人殺しです。上で述べた例のような、人殺しのために人殺しをする人です。この犯罪者はなぜ人殺しをしたのだ、かれは物盗りをしたかったのだ、ふつう裁判官はそう考えるわけですね。人はふつう、そう考えるわけです。「しかし、私は君たちに言おう。かれの心が血を欲したのだ。物盗りを欲したのではない。かれはナイフの幸福を渇望したのだ」。

人間とはいったい何か、人間とは病気の堆積であると言うのです。病気がうず高く泥のように積もる。病気の堆積なのです。「人間とは何か。人間とは荒々しい蛇たちのもつれだ」。「その蛇たちは安らぐことがない。蛇たちはそのもつれから外に出て、自分の獲物を探して世界の中を這いずり回る。この哀れな肉体を見ろ。この肉体が苦しんでそして恋焦がれているもの、それをこの哀れな魂は、人殺しの喜びとして、ナイフの幸福への渇望として解釈したのだ」。

この哀れな魂の解釈した「それ」というのは、肉体の苦しみです。ライデン（Leiden）というドイツ語を使うのですね。それからベゲーレン（Begehren）です。これはなにか非常に肉体的な欲望を表すドイツ語ですが、その肉体が望んでいるもの、それをかれは殺人の欲望、ナイフの幸福への渇望として解釈したのです。これはニーチェの主著の『ツアラツーストラ』の中に出てくる言葉なんですね。これがニヒリズムの現実である、と。それが、ニーチェが死んで一〇〇年たった今、本当に現実になったんですね。そこに書かれている通りのことが起こりつづけています。

それからもう一人、一九世紀にドストエフスキーというロシアの作家がいて、この人もまた、神なき時代というものを非常に強く感じて、様々な奇怪な人物を創造した人です。有名な小説に『カラマーゾフの兄弟』があります。その中にイワンという男が出てきますが、そのイワンはニヒリストの中のニヒリストです。神を失った人間が悪霊に取り憑《つ》かれて、もう尋常ではない人間になっていくのですが、そういう人間がたくさん出てくるのですね。ドストエフスキーの作品の中にはそういう人間がたくさん描かれているのですが、代表的な男としてイワンという人物がいるのです。

そのイワンは半分狂人です。ものすごく頭のいい狂人なんですね。その狂気の中で悪魔と対話をするのです。ところが、その悪魔というのは、もちろん自分自身の幻影です。自分自身の幻影に襲われて、その悪魔がなにを言うのか。悪魔はこう言うのです。人間が神を信じなくなれば旧来の一切の道徳が崩壊する。そうすれば、人間は巨人になる。人神とも言われるのですが、つまり人間が神になる。神が人間になるのではなく、人間が神になるのだと。科学によって限りなく自然を征服していって、それまで人間は天上の喜びというものを究極の目標にして生きてきたけれども、それを捨てて、それよりもっと高尚なこの世の喜びというか、瞬間の喜びというか、そういうものを感ずるようになる。

それを一言でまとめると、神が存在しなければすべては許される。そう悪魔は言うのです。これは非常に有名な言葉で、「神が存在しなければすべては許される」というのはドストエフスキーの代表的な言葉として人口に膾炙《かいしや》していますが、イワンの幻影である悪魔が言った言葉なのです。そして、道徳はたかだか人間の七〇〇〇年来の習慣に過ぎないから、そういう習慣を捨てて自分自身が神になろう、と言うのです。

その悪魔の言葉を引用してみましょう。

「おれに言わせれば何一つ破壊する必要はない。必要なのは人類のうちにある神の観念を破壊することだけなのだ。まさにそこから仕事に取り掛からねばならない。ああ、なに一つ理解せぬ亡者どもよ。一体人類が一人残らず神を否定しさえすれば、その時期は地質学上の時期と並行して必ず来るとおれは信じている、あとは人肉などを食わなくともひとりでに旧来のあらゆる世界観やそして何よりも旧来の一切の道徳が崩壊し、すべて新しいものが訪れるだろう。人間は人生が与えるすべてのものを手に入れるために結合する。しかしそれは必ず単にこの世界での喜びと幸福のために他ならない。人間は神のような巨人のような誇りの精神によって傲慢になり、やがて人神が出現する。

自己の意思と科学とによってもはや際限なく自然を絶えず征服してゆきながら、人間は他ならぬそのことによって天上の喜びというかつての希望にうって変わるくらい高尚な喜びを絶えず感ずるようになるだろう。人間はやがて死ぬ身であり復活のないことを誰もが知り、神のように誇らしげに冷静に死を受け入れるようになる。人間は人生が一瞬にすぎないなどと嘆くには当たらぬことを誇りの気持ちから悟り、もはやなんの報酬もなしに同朋を愛するようになる。愛が満足させるのは人生の一瞬に過ぎないが、その刹那性の自覚だけで愛の炎がかつて死後の不滅の愛という期待に燃え盛ったのと同じくらい激しく燃え上がることだろう。

現在でもすでにこの真理を認識している人間は、誰でもまったく自分の好きなようにこの新しい原理に基づいて安定することが許される。この意味でかれにとってはすべてが許されるのだ。それだけではなく仮にそういう時期が永久に訪れないとしてもやはり神や不死は存在しないのだから、新しい人間はたとえ世界中でたった一人にせよ人神になることが許されるし、その新しい地位につけばもちろんかつての奴隷人間のあらゆる旧来の道徳的障害を必要とあらば心も軽く飛び越えることが許されるのだ。神にとっては、法律は存在しない。神の立つところがすなわち神の席である。おれの立つところがただちに第一等の席になるのだ。すべては許される。それだけの話だ。」

そして、イワンはこう言うのです。

「おれをからかいやがったんだ。しかも見事にな。良心とはなんだ。そんなものは自分で作り出しているのさ。じゃあ何故苦しむのか。習慣さ。世界中の人間の七〇〇〇年来の習慣でだよ。だから習慣を忘れて神になろうじゃないか。あいつがそう言ったんだ。あいつがそう言ったんだ。」（いずれも、原卓也訳『新潮世界文学全集』15）

あいつとは悪魔です。悪魔とは自分なんです。これがドストエフスキーです。

ここからレヴィナスの話に入ります。今まで述べたことは、現代は神が死んだ時代であるという説明でした。それで、レヴィナスですが、かれはヨーロッパの哲学は本質的に無神論であると言っています。どういう意味でそういうことを言うか。それは、自我の内に真理の尺度をおいた哲学だからだと。真理は自我によって基礎づけられる。だから自我が、いわば万物を支えているのです。宇宙を支えているのが自我なんです。これが無神論の本当の意味だ、と言っています。そしてギリシアから始まって現代の代表的な哲学者といわれるハイデガーに至るまで、西洋の哲学は自我に真理の基礎を置く哲学として進んできたから本質的に無神論だ、こういうふうにレヴィナスは言います。

ところで、真理について二つの考え方があり得るのです。

一つは、真理という以上は経験でなければならない。しかも私たちに何か新しいものを与えてくれなければ、経験とはいえないわけです。自分が元から持ってるものをいくらひっくり返してても別におもしろくもおかしくもないんで、経験という以上は、私たちに今までなかったものを与えてくれるから経験なんですね。なにか新しいもの、自分の力では生み出すことが出来なかったようなものが向こうからやってくるから、経験というのはとてもいいものなのです。だから、そういう意味で真理は経験であるとすれば、真理とはなにか自我を超えたものとの関係なのだ、という考え方が一つあるわけです。

もう一つの真理観はその反対で、真理とは自我への同化なのだという考え方です。これは、人間による存在の征服です。つまり人間の認識とか労働とか、そういう人間のいろいろな営みは、自己の外部にあるものを人間が理解し利用して、自分の道具にして自分の中に同化してしまうことです。実際、技術とはそういうものですね。外界を利用して人間が住みよい環境を作る。ある意味で人間が世界を作る。すべて外的な世界を征服しながら同化していく働きです。だから、同化が真理だという考え方がもう一つあり得るわけです。

ところが、同化とはいったい何をしていることか。ここが問題です。同化とは要するに、非常に簡単に言ってしまえば、自分とは別のもの、自分とは共通性を持っていないものから、その特質を奪うことなのです。別であるというその特質を溶かしてしまって、なにか中性的なものに還元してしまわなければならないのです。

何を言ってるのかといいますと、認識するということは、普遍概念を使うことなのです。普遍概念というものは、個々の個別的なものを中性化する働きをもっています。だから、たとえば、ソクラテスは人間である。プラトンは人間である。カントは人間である。このように人間という一つの概念が、ソクラテスもプラトンもカントもまとめて同じ一つのものにしてしまうのですね。そうすることによって、まさにプラトンであるプラトン、まさにソクラテスであるソクラテスというものが消えてしまうのです。

各人の個体性が消えてしまう。誰とも取り替えがきかない唯一のものであるという唯一性は、もしその唯一性を非常に大事に考えると、普遍概念の中に包み込まれて溶かされてなくなってしまうわけにはゆかない。これは非常に大事なことです。

みなさんご存知のように、たとえば日本は戦前は朝鮮を併合して植民地にしました。そのときに朝鮮の方々に日本語を話すように強制した。それから日本の名前をつけさせた。全部同化政策です。朝鮮の方々が本来持っている言葉とか考え方とか名前とか、そういうものがあると支配するとき邪魔になる。支配するときには同化してしまわなければならない。すべての支配者が被支配者に対して同化政策をとるわけなのです。文化的に引き上げてやる、そういう美名のもとに同化政策をやるのです。

外的なもの、自己と異質なものに直面したときに、その外的なもの、異質なものを自己に同化するという、この考え方がいわばラショナリズムの本質だとレヴィナスは考えるのです。ヨーロッパの哲学の根幹をなしている理性主義＝ラショナリズムは、外的なものを自己の中に取り込んで支配してしまおうという働きなのだ、と。ですから、理性の哲学、認識の哲学というのは必然的に全体化の哲学になるのだと言うのですね。この全体主義というものが二〇世紀前半に荒れ狂って、世界を半ば破滅させたわけです。

その全体主義は理由もなく生じてきたのではなくて、理性の哲学の全体化の力が全体主義を生み出してくる、いわば必然の契機になっているのですね。理性の哲学だけに責任があるというわけではないけれども、理性の哲学というものは力を持っています。ですから、そうなると、理性的に捉えることができないもの、つまり認識できない真理を認めるということが非常に大事なことになってきます。認識できないものに私たちは直面しているのだということを認めなければ、理性がすべてを自分の中に取り込んで、同化して、支配してしまうという帰結を避けることができないのです。つまり全体主義を避けることができないのです。

以上で無神論の話は終わりにします。これから他者の話に入ります。

さて、レヴィナスの言っているような無神論とは、いわば理性の哲学の、認識の哲学の必然的な帰結ですね。それは、自我が世界をすべて認識し、認識することによってそれを自分の中に取り込んで支配してしまう、そういう哲学です。それを、哲学のテクニカルタームでソリプシズム (solipsism) というのです。

ソリプシズムとは独我論と訳されますが、自分一人主義ということです。ソルス (solus) とは自分一人という意味のラテン語ですが、すべては自分一人だけ、です。世界も自分の世界。何もかも全部自分が支えている。理屈からいうと、そのソリプシズムを打ち破るのは非常に難しいのです。ソリプシズムで何が悪いんだ、全部ソリプシズムで生きていてどこがいけないんだ、私がこういうふうに見ているから世界はこう見えるんだ、私がこういうふうに生きたいから、私はこう生きるんだ、それでどこがいけないんだ、と。

ところが、実はソリプシズムは成り立たないのです。どこで成り立たないのかというと、他者がいるから成り立たないのです。人は、他者に直面して、自分のソリプシズムがそこで挫折するということを理解するのです。他者に直面しないかぎりは、ソリプシズムは存続できるわけです。だから、どこまでもソリプシズムを存続させて、自分が独裁者でいつづけようとする人は、他者を抹殺していかなければいけないのです。次から次へと。それがもっとも恐ろしい大規模な形で起こってきたのは二〇世紀の大虐殺ですね。これは、他者を抹殺することによって自己絶対化を貫徹しようとする姿勢の具体的政治的現象なんですね。

そこで他者。他者がいるから独我論は挫折するということに関しては、大昔からはっきりわかっていて、エピクテートスというストア派の哲学者が、こういう対話を書いているのです(『語録』第一巻二九章)。暴君がいて、「俺の言うことを聞かないとおまえの財産を没収するぞ」。「どうぞ没収して下さい」。「拷問にかけるぞ、手を切り落とすぞ」。「では手を切り落として下さい」。「おまえを殺すぞ」。「殺したければ殺しなさい」。

で、そういうことをして、暴君は自分が拷問にかけているその相手を本当に屈服させたのか。屈服させていないのです。なぜなら、かれはこう言うからです。「私の財産とか私の体とかそういうものは私ではない。私は私の心、私の意思なのだ。いくらあなたが脅迫して刀で脅しても、私の意思は最後まで否と言う。私の体があなたに首を切られて死ぬだけだ」と。

この話は、他者が絶対に征服されえないということを表しているのです。だれかのエゴイズムというものがどれほど強力な力を持っていても、他者はそれを否定するものとしてそこにいる。このことを表している話ですね。

そもそも、他者は知の掌握を撥ね退けるものとしてある。自己の中に取り込めないものとしてあるのです。

ここで、他なるものと言うときに、たとえばここにあるコップとか、目の前にある机とか、あっちに見える山とか川とか太陽とか、そういうものもみな、他のものではないかとみなさんはおっしゃるかもしれない。だけど、それは一見他のものだけれども、本当の意味では他のものではないのです。なぜなら、コップは私が認識できるものです。私の道具になり私が利用できるものですね。

太陽も非常に遠くにあるけれど、科学の力によって認識できる。太陽では何が起こっているのか。核爆発が起こっていて、そこから放射されるエネルギーによって地上では生物が生きているとか、いろんなことがわかっている。太陽を利用して生きているわけです。もっともっと遠いアンドロメダ星雲だって同じですね。だから、そういうものは他のものではないのです。

人間が認識して自分の中に取り込んだもの、自分の支配下に入れたもの、それは他のものではないのです。

それでは、認識できないものとは何か。それは他者、他人です。他人だけは認識できない。あるいは、他人だけは認識できると思ってはいけないと考えるべきです。認識できると思ったら、他者ではなくて物になってしまう。だから、認識とか労働とか所有とか、そういう働きによって同化されるものは「物」であって、他者ではない。他者は認識されてはいけない。今のエピクテートスの言葉がそのことを表しているわけですが、この点の理解が十分ではなくて、キリスト教も歴史上たくさんの過誤を犯したわけです。異端審問とか魔女裁判とかは、他者を同化しようとした一種の精神的な虐殺ですね。

そうすると、どういうふうに他者に関わればいいのかということが問題になりますね。それが、大問題です。それをレヴィナスは、フランス語で「デジール」(désir)という言葉で表現するのですが、そのデジールを今までの日本の翻訳では「欲望」と訳しているのですが、この訳はだめです。誤解を生む訳です。デジールをもし欲望と訳すと、欲望というのは金銭欲とか所有欲とか権力欲とか情欲とか、全部相手を自分の中に取り込んで自分のものにしてしまおうという働きだから、デジールがそういう働きになってしまう。同化の働き、それが欲望という言葉によって表現されていることなのです。

しかし、レヴィナスの言うデジールはそうではない。他者との関わりがデジールだというのは、なんと訳したらいいのかわからないのですが、ものすごくわかりやすく言えば「憧れ」とか「希望」とか「欣求」とか「願望」とか、場合によれば「祈り」とかいう言葉が日本語ではいいかもしれないですね。他者への憧れ。憧れというのは、自分の中に同化して相手を支配してしまおうというのではなくて、到達できないにもかかわらず自分が他者の方に無限に近づこうとする運動です。

その近づこうとする運動は、どこまでいっても自己満足に到達しない。自己満足に到達したら、憧れはそこでなくなってしまう。憧れが消えてしまえば、その時、他者もいなくなってしまうのです。そうではなくて、自分のものを持ち出して相手に捧げる、捧げ続ける、どこまで捧げ続けても終わりにならない、そういう運動が、仮にデジールを憧れという訳語で表すとすれば、憧れなのです。そういう関わり方が、他者との関わりとしてあり得る唯一のあり方だというわけです。

この関係はいろいろな言い方で言えるのですが、他者とは「絶対なるもの」であるともいうのですね。「絶対なるもの」とはフランス語で「アプソリュ」(absolu)と言いますが、「アプ」(ab)というのは「……から」、「ソリュ」(solu)は「切り離された」という意味で、ラテン語の「解く(solvo)」から来た言葉です。切り離されたもの。「他者は絶対である」というのは

「他者は私から切り離されたもの」、「私の一部分とみなすことができないもの」ということです。私と他者との間には深淵があるということです。だから、私は自分が力をふるいえないものに直面しているのです。そのことがわかるというのが、他者に直面するということです。

その他者に対する私の態度は、憧れでしかありえない。憧れというのは、他者に一方的に善意を捧げるということです。その善意を捧げるときに、お返しを要求してはいけないとレヴィナスは言うのです。なぜお返しを要求してはいけないのか。なぜなら、お返しを要求するということは、他者を自分の中にまた取り込もうという態度を意味するからなのです。お返しを要求するというのは、エゴイズムの一つの形態なのだと言うのです。

エゴイズムの擬装形態だったら、自我が太ろうとしているわけですから、どこまでいっても他者に出会えないわけです。だから、人に善いことをしたときにお返しは絶対に要求してはいけない。お返しを要求したら、他者が消えてしまうのです。

そのことを他者の高みとか、他者の超越という言葉で表現するのですね。あるいは、他者への畏れ。みんな同じことを表しているのです。他者は自分が取り込めないものであるということを表すのに、いろいろな表現をしているのです。私の善意に他者が応答してくれるということは、人間にとってはとてもうれしいこと、あるいはいちばんうれしいことです。どうしてそうなのかというと、自分が支配できないものが、向こうの方から自分に好意を向けてくれたということは、何かすごく奇蹟的なことだからうれしいのです。

自分が支配できるものが自分に応答したって、ほんとは何もうれしくないのです。それは、ロボットが操作に従ってある反応を示したのと同じですからね。絶対に自分が支配できないものが自分に何か好意を向けてくれたというのは、それ自体が天からの贈り物のような出来事だから、人間にとってうれしいことになるのです。

そこで、他者との関わり方はそういうことですけれども、レヴィナスは極端なことを言います。忘恩です。忘恩は、私たちの善意が本物かどうかの試金石だと言うのです。忘恩とは、ふつう、人間に対するいちばん悪い非難です。「なんて奴だ、あいつは恩知らずだ」というのは相手に対する断罪の言葉です。しかし、忘恩を蒙《こうむ》って怒っているようではだめだ、とレヴィナスは言います。「忘恩を蒙る」ことは「極限の寛大さを表す」機会なのです。

何を意味しているかというと、「感謝を受ける」ということは、すでに「自分から他者に向かっていった行為が、出発点に返って来た」ということを意味しているというのです。それはお返しを受けたことを意味しています。そこで私は自己同一を実現して、エゴイズムが満足したのです。

レヴィナスはいったい何を言っているのでしょうか。この点に関しては、論理を省略して、かいつまんで話をしますが、イエスの山上の説教を見てみましょう。『ルカ福音書』の第六章

から引用してちょっと読んでみますと、

「おまえたちがおまえたちを愛してくれるものを愛したからといって
おまえたちにどんな善意があるというのか
また、おまえたちに良くしてくれるものに良くしたからといって
おまえたちにどんな善意があるのか
また、お返しを受けとることを望んで人々に貸したとしても
おまえたちに何の善意があるのか
罪人もまた同じものをお返しとして受け取るために
罪人に貸すのである」

イエスの言葉です。誰でも知ってます。ここで「どんな善意があるのか」の善意という言葉はギリシア語で――新約聖書が書かれている言語はギリシア語なんですが――「カリス」(charis) という言葉なのです。このカリスという言葉にはいろんな意味があります。外面的、肉体的な意味もあります。美しさとか優雅さとかいう意味です。精神的な意味もあります。こっちのほうが大事ですね。

その精神的な意味の使い方に三つありまして、一つは、行為する人間が人に対して善意を示す、善意を贈るというときの善意。英語でいうとgoodwillあるいはkindness。それから、も

う一つが、受け取る側で、人から善意を受け取るときの、その受け取った人の感謝の気持。英語でいうとgratitudeとかthanksとか、そういう訳が当てられる使い方がある。三つ目に、具体的な形をとった善意の贈り物という意味があって、そこから神から与えられた神の善意の贈り物という意味で「恵み」という訳語も出てくるのです。そして、ふつう教会が訳す新約聖書の訳は「恵み」となっているのです。

「おまえたちがおまえたちを愛してくれるものを愛したからといって
おまえたちにどんな恵みがあるというのか」

と、まあこんなふうに訳してしまうと、おまえたちに善くしてくれた人に対してだけ善くしたって神様の恵みはないよ、というように理解できる訳になっているんですね。天国での褒賞を期待するなら、お返しを期待しないで善いことをしなさいという意味の訳になっています。別に誤訳だとは言いませんけれど、しかしここは、イエスが何を問題にしているかというと、善い行為というのはどういう行為なのかということを問題にしている。

そこから考えると、「カリス」という言葉の一番もとの意味から考えて、自分に善くしてくれる人に善くしたからといって、どんな善意があるのか、おまえたちにいったい善意はあるのか、お返しを求めて何かをして善意はあるのか、ということをイエスは言っているのではないか、と私は思うのですね。その続きからも、大体そう理解してもいいのではないかと思うのです。そこで、イエスが驚くべきことを言うわけです。そこでは、いま問題にしている忘恩についての逆説が出てきます。

「おまえたちは自分の敵を愛しなさい。
そして、お返しを何も期待せずに善いことを為し、貸しなさい。
なぜなら至高なる方こそ
忘恩の人々に親切な方であるからだ」

と書いてあるのです。忘恩の者とは「アカリストイ」(acharistoi)というギリシア語です。今の「カリス」に「ア」が付いているのです。「ア」というのは否定の意味で付ける前綴りですから、文字通り善意なき者、感謝の念なき者、不愉快な奴、恩知らず、です。神はこの恩知らずに親切な方だというのです。まあそうですよね。非常によくわかります。本当にもし神が存在するとしたら、神はなんと忘恩の者に親切なんだろう。

なぜなら、実際、この世界で、口では神を語りながら本当に神を信じている人はあまりいないし、神に感謝を捧げている人なんて、いるのかいないのかわからないくらいでしょう。神は存在しないとか言う人は山のようにいるし、神を信じていると言いながら戦争を起こしたり、人殺しをしたり、神はまるでどこにも存在しないかのように世の中は動いているのに、神はその人々に、善い人にも悪い人にも、福音書の中の言葉を使うと、陽を登らせ雨を降らせて、差別をつけない。復讐もしないわけです。
ニーチェのように「神は死んだ」なんて言ってる人に対して神は復讐したか、大虐殺をしたヒトラーやスターリンに神は復讐したか、神の名を用いて驚くべき人殺しをした人々に神は復讐したか。だから、そういう意味で、神はまるで存在しないかのようにすっかり姿を隠して、あまりにも無力であるために——神は極限の非暴力であるというのは、実に神らしい——足蹴《あしげ》にされっぱなしのままであるかのように、仕返しもせずに、ただ善いことをし続けている。これが忘恩の人々に親切な神です。

善い行ないは、それが本当に善い行ないであることを試す試金石として、この忘恩という試練を経なければならないであろうと思いますが、そのことをイエスはこの話の中で言っている。そしてその極点に、全世界の忘恩を背負う神がいるのだと言っているのです。

それから、他者の最後のところで、もうひとつ言っておかなければならないことがあります。それは意味ということです。意味があるとかないとか、人生に何の意味があるのかとか。それについて、レヴィナスはこういうことを言っています。

希求、憧れです。さっき言った「デジール」ですね。他者と関わるときに、デジールにおいて、憧れにおいて関わらなければいけない。その希求とは、自分のために希求するのではない。

他者への希求、他者への憧れです。このことをレヴィナスは、「ソシアリテ」(socialité)という言葉を用いて表現しているのです。この「ソシアリテ」も、日本語の訳では「社交性」なんて訳しているのですが、これもだめですね。社交性という日本語には、人間関係における軽薄さが語感としてまとわりついています。

この「ソシアリテ」というフランス語を何と訳していいのかわかりませんが、せめて「交わりへの願い」とか「交わりへの憧れ」とか、なにかそんなふうな訳をしなければならないと思いますが、この他者への希求は「私における欠如や満足の彼方」にあるというのです。そういうこととは関わりなく生まれるのです。希求において、私は私自身の自己同一性を危険にさらすような仕方で、他者に向かって憧れる。他者への運動は、私の不足を補うのでもなく、私を満足させるのでもなく、むしろ私に関わりがなかったはずの、私を無関心のうちに放置すべきであったはずの、危険な状況のうちに私を巻き込むのです。

こう言っただけでは、ちょっとおわかりいただけなかったかもしれませんが、要するに、人間には本質的に他者への憧れがあるということです。人間は自分一人だけでは自足できないのです。本質的に、他者への憧れが人間なのだと言っていいかと思います。ところで、ふつう、私は自分を太らせるとか、大きくなるとか、自分を守ることによって自己同一性を保持するのですが、他者へ憧れるときには、その自己同一性を危険にさらすような仕方で他者に向かって運ばれるのです。言いかえれば、他者と関わることによって自分の身が危うくなるような仕方で他者に向かってゆく、これが本来の他者との関わり方だというのです。

福音書のサマリア人の話はご存知でしょう。強盗に襲われて、半殺しになった人間が道端に転がっていた。その横を見て見ぬふりをして司祭が通りすぎて行ったのです。見て見ぬふりというのは、普通の人間がいつもすることです。自分を守るためには、そんな者に関わり合っては大変です。どんな面倒が起こってくるかわからないし、自分にはちゃんと用事があるし、その用事は急ぎの義務だし……。

でも、そうやって見て見ぬふりをして、半殺しになった人間のそばをすたすた通り抜けて行ったときに、その司祭はやっぱり何か心に重いショックを受けているはずなんですね。そのショックが、いったいどこから来るのかということですね。それが他者へのデジール、他者への憧れなんです。それが、いわば善意ということの本質なんです。フランス語でボンテ(bonté)といいますが。

この他者への希求すなわち善意は、純粋な移動だというんです。トランスフォール・ピュール(transfort pur)あるいは絶対的な方向付け、オリアンタシオン・アプソリュ(orientation absolue)とも言うんですが、それが意味(sens)だとレヴィナスはいうのです。この「純粋な」とか「絶対的な」というのは何を言っているのかというと、他者への運動が、それ以外に動機をもっていないということを言っているのです。その他者と関われば、なにか得になるとか、なにかうれしいことが起こるとか、そういうことではない。純粋な移動とは、なんの外在的な原因もなしに、他者に向かって私たちが運ばれるということです。そして、それが本来の「意味」だと言っているのです。ちなみに、サンス(sens)というフランス語には、「意味」の他に、「方向」という意味もあるのです。

意味というときに、私たちは「このコップには意味がある」とか「眼鏡には意味がある」とか「机には意味がある」とか言いますね。意味とは、言葉の意味だと理解しているでしょう。そして、もうちょっと大げさな話にすれば、文化的な意味というのもありますね。「ベートーベンのコンチェルトが美しい」とか「ゴッホの麦畠の鳥が感銘を与える」とか芸術にも意味があるし、技術にも意味があるし、宇宙に人工衛星を飛ばすことにも意味がある。そういうすべての人間の仕事、わざ、作品に意味がある。

そして、「存在を歌うことが人間が生きていることの究極の意味だ」とハイデガーが言っているのですが――この人は二〇世紀最大の哲学者だと日本で称されている人です。この人は日本人に非常に人気がありまして、禅とか老荘思想に近いような考え方をしています。この人が、自然を通して存在を歌うことが人間の生きている意味だと言っているのです――そういう祝祭もすべて、レヴィナスの考えでいえば、それに向かって表現される相手がいなければ意味がなくなってしまうのです。対話者が必要なのです。すべての表現は、ハイデガーのいうように存在の祝祭であるより以前に、私がこの祝祭を表現する相手との関係なのです。

だから文化的な表現は、それが成り立つために、その文化的表現が表現される相手を始めから前提しているのです。その相手は、それなら、その文化的表現の中に含まれるのか、他者は文化的表現の中に含まれているのか。そうではありません。他者は文化的表現ではないのです。他者は、そういう表現としてとらえようとすれば、その背後に隠れてしまう。他者は認識できないものですから。前から何度もくり返したように、他者はそういう意味では所与ではないのです。他者は根源的な意味である、としか言えない。その根源的な意味に向かって、私たちはいろいろな文化的表現、自然の祝祭を行なっている。

私は学生たちによく冗談で言うんですけれども、授業の間にですね、「人間はいったい何のために生きているんだ」。毎日学校へやってきて、友達に「こんにちは」って言うために生きてるんだ、というのが私の答えです。そう、本当にそうなんです。「こんにちは」、「おはようございます」。で、うちに帰ってお父さんやお母さんに「おやすみなさい」って言うために生きている。それが人間が生きている意味です。挨拶することがうれしくて生きているのです。私たちは。

では最後に、神について話をします。

レヴィナスは、神は無限であるというのですが、「無限」はフランス語でアンフィニ(infini)と言います。このアンフィニという言葉には二つの意味があるのですね。それは、フランス語として二つの意味があるというのではなくて、レヴィナスの哲学は二つの意味を読み込んでいるということです。

一つは、アン(in)というのは否定の意味を持つ前綴りなのですが、それを強調した意味です。だから、有限ではないということ。有限を超えているということです。それで、無限です。それから、もう一つ、アンというのは英語のインと同じで、「……の中に」という意味をもちます。だから、有限の中にあるということです。つまりアンフィニには、有限を超えているという面と有限の中にあるという面の二つがある、と。

で、他者が私たちの把握を超えているということ、これまでくり返しお話ししたこのことが、他者が有限を超えているということなのです。私たちはいま神の話をしているのですが、もう種を明かしてしまえば、神というのは他者なのです。他者というのは神なのです。両者は分ち難く、他者のうちに神がおり、神のうちに他者がいる。これはもうレヴィナスの究極の主張ですね。しかし、この他者は目に見えている他者ではないのです。

私たちが目に見ているのは他者ではなくて、他者の痕跡《こんせき》です。私たちが目に見ている髪の毛とか衣服なんかはもちろん言うまでもなく、顔かたちとか微笑《ほほえ》みとか何とか、それも他者ではありません。それは他者の痕跡です。他者は絶対目に見えない。他者は超越であり不在なのです。

他者は私たちの把握を超えている。しかし、人間は肉体でもあるわけですね。顔かたちを持っていて、能力を持っていて、社会的地位を持っていて、財産を持っていて、いろいろあれやこれやです。そういう対象的なものすべてを超えているのがアンフィニです。有限なものというのは、そういう目に見えている対象的ないろいろなものです。肉体とか才能とかそういうものが目に見えているものですね。他者はそれを超えている。それが、私たちの理解を超えているという意味です。

私たちがなにか他者を理解したと思ったとたんに、他者はその像の背後に隠れてしまう。というよりは、消えてしまうのではなくて、その背後に現れるのです。私たちが分かったと思ったとたんに、他者はわかったというその像を亡骸《なきがら》にして、その背後につねに新しく現れるのです。私たちの理解できないものとして。それでなければ、他者ではないのです。

それをレヴィナスは「他者は不在だ」(absence) と言うのです。あるいは、「他者は絶対だ」(absolu) というのはそういう意味です。「他者は超越である」(transcendance) というのもそういう意味です。そして、いま言いましたように、顔はこの不在の痕跡なのだ、と。他者はこの痕跡を通して指し示される不在なのです。それが無限という語、アンフィニの一つの意味ですね。有限を超えている、という意味です。

それについて、もう少し詳しく説明します。痕跡という語は、他者について言われる。その他者は、前に述べたように、顔として現れる。その顔が痕跡なのです。何の痕跡なのか。彼方(au-delà)の痕跡ですね。存在の彼方(au-delà de l'être)の痕跡です。「存在の彼方」というのはレヴィナスの一番大事な言葉です。私たちは他者に出会うとき、石とか風とか月のような存在者に出会うのではなく、「訪れ」という尋常ならざる経験を持つのです。フランス語でヴィジタシオンと言います。訪れです。

私たちは石とか月とかに出会ったときに、比喩的な意味ででなければ、訪れに出会ったとは言わないでしょう。他者に出会うときに訪れに出会う。他者が訪れてくれた。で、その訪れは、この現象世界の背後にある別の世界からやって来るのではない。そうではないのです。現象世界の背後に、私たちが今その中で生きているこの現象世界の背後に、もう一つの奥深い秘密の物自体の世界があるというようなことは、レヴィナスはまったく考えていません。おそらく、まともに考える人ならば、現代人は誰もそんなこと考えてないと思います。

先ほど、最初に話したニーチェは「キリスト教は背後世界というものが本当の世界だ、なんて言うからだめなんだ。本当の世界はこの世界しかないのだ」と一所懸命言ったのですね。背後世界なんていうものは要するにだめだってことは、わかりきった話です。ニーチェだけではなくてヤスパースというユダヤ教的実存哲学者もそう言っているのですが、要するに背後世界というのは、この現象世界と同じものなのです。

現象世界を延長して、背後世界という名前のもう一つ別の現象世界を考えたって、それは別の世界を考えたことにならないのです。時間や空間に規定された元素の構成体としてのこの自分、飲んだり食べたりして生きている、欲望や苦痛にさいなまれている、肉体的な存在としてのこの自分が、もう一回、再び、時間と空間の中で同じような存在者としてあったところで、なんの意味もないですね。現象世界をもう一遍繰り返したって、何遍繰り返したって、意味がない。そういう発想でもう一つの世界を考えていたのが、背後世界ということで、ニーチェの永劫回帰《えいごうかいき》の哲学によって木端微塵《こつぱみじん》に否定されてしまった考えなのです。

レヴィナスは、不在としての他者を、そういうものとして考えてはいないのです。それは、あらゆる開示や隠蔽《いんぺい》の彼方です。その意味で不在としかいいようのない彼方です。開示や隠蔽の彼方とは何でしょうか。開示とは現れ出るということ、隠蔽とは隠すということですね。私たちは隠れているか現れているかという、その二者択一の中でのみものを考えているわけです。

しかし、そうすると、もう、すぐに、死んだ後は無か背後世界かという考えしか出てこないのです。現れているか隠れているかではなくて、第三の道があるのだ、きっと、あるのかもしれないとレヴィナスは考えているのですが、ではその第三の世界とは何ですかと聞いても、分からないのです。分かるはずがない。語っているレヴィナスでも分かるはずがないのです。そんな世界をだれも経験したことがないのですから。だけど、そう考えるより仕方がないと言っているのですね。

そして、この痕跡はどこから来るのか。どこか別のところから来るのです。第三のどこかから来るのです。だけど、そのやって来た痕跡は、私たちにそれがやって来た出所を、どこか別の場所を指し示してくれるのかというと、それは指し示しはしないのです。何も指し示さない。なぜなら、何かを指し示したとすれば、それはたちまち現象世界に舞い戻ってしまうからなのです。

「顔は絶対的に過ぎ去った不在の痕跡のうちにある」。レヴィナスはこう言います。こういう表現はまぁ何を言っているのだろう、とさんざん考えなければならないですね。絶対的に過ぎ去った不在の痕跡のうちにあるって、いったいなんですか。さらに、かぶせて、「その不在をいかなる省察も他者の内に見出すことは出来ないだろう」と言います。

他者を眺めに眺めて、他者の中を探しに探して、考えに考えて、その不在にどこかで突き当たるでしょうか。そうやって不在を探していっても、絶対に不在に突き当たることは出来ません。あるいは、自分の中で本当の自分というものを探して、いくら自分の中を眺めに眺めても、本当の自分には突き当たらないのです。現象世界のものにしか突き当たらないのです。

「顔は、超越の意味が内在の世界に入りこむために、超越を抹消しない唯一の開《ひら》けである」。こう言うのですが、これは、一方では、超越とか不在とかいうのは、この現象世界の出来事として理解してはいけないということを言っています。けれども他方では、その超越が内在の世界へ入り込む開け、すなわち窓は、顔というこの現象世界の場所なのだ、ということを言っているのです。

しかし、この顔は窓であると言うのなら、では、その不在とか超越というものを指し示しているのかというと、指し示していないのです。

どうして指し示していないか。意味されたものと意味とは普通は、はっきりと対応しています。たとえばコップという言葉は、はっきりとコップに向かっていて、コップにつき当たっているわけです。机という言葉は机にちゃんとつき当たっているわけですね。あなたという言葉は、はっきりあなたにつき当たっている。で、その両者は相関関係にあるわけです。あらゆる意味は意味されたものと相関関係にある。意味するものと意味されるものはそういう関係にある。だけど、それは現象世界での出来事なのです。

痕跡においては、痕跡は、もしそれが指し示すものがあるとすれば、不在を指し示しているのですが、その不在とは相関関係の内にないのです。不在なのだから当たらない。当たるものがないのです。どこにも。だから、それは「不当だ」というのですね。イレクティチュード（irrectitude）というフランス語は不当とか不正とかいう意味です。レクティチュードというのは正しさです。で、普通の意味と意味されるものはレクティチュードの関係のうちにあり、これに対して、顔と超越の関係、あるいは痕跡と不在の関係は、イレクティチュードの関係にある。いったい何を言っているのだろう、これは。当たるものがない、ということなのです。

こういうふうに理解しないと、もう意味が分からなくなってしまうのですね。痕跡から不在へ遡ることはできない、ということなのです。ただ、これらの言葉をどう訳していいかわかりません。要するに、この関係は、存在と開示の秩序、この世界の秩序では考えられないことであるということなのです。それが、とり返しようのない過去と対応しているということなのですね。

そして、最後に、もうひとつ言っておきたいことは、レヴィナスは神のことを「イル」というのです。「イル」（il）というのは「彼」という意味のフランス語です。第三人称です。「存在の彼方」を第三人称で指し示すのです。マルチン・ブーバーとかガブリエル・マルセルという哲学者が二〇世紀におりまして、この人たちは「我と汝」の哲学というものを展開した人たちです。かれらの思想では、本当の関係は「我と汝」の関係で、「我とそれ」という関係は次元の低い関係なんですね。

レヴィナスも、人間と人間との関わりと、そして、それを通して人間と神との関わりを一所懸命考えた人ですが、レヴィナスの言う第三人称はブーバーやマルセルの言っている「それ」ではないのです。それとは全然違うのです。レヴィナスの「それ」は、我と汝という直接的な二極の関係に入らない第三の道を言おうとしているのです。

それは、不在を指す表現なんです。「神は不在だ」ということを表す表現なのです。神は不可逆な過去、取り返すことの出来ない過去、つねに通りすぎた過去なのです。それだから、それはまっすぐに指すことの出来ない不在なのです。だから、神は常に横顔しか見せないわけですね。それを「彼」というこの表現の仕方が言っているのです。

また別の言い方をすると、神は絶対に直接の姿を示さないということです。面前にいるのは他人ですね。他の人間がいるのです。その他の人間という回路を通して、いわば神は横顔しか見せない、これが「彼」という表現の意味なんですね。しかし、かれが横顔を見せるということが、顔の至高性です。顔が究極の高さである、ということなのです。あるいは、他者への畏怖ということの根拠なわけです。

最後に、他者との関わりの問題に戻りますが、先ほど、他者への憧れが人間の根源的な本質だと言いました。それをまた別の言い方をすると、「他者の高さが私を呼ぶ」と言ってもいいし、あるいは逆に、「他者の弱さが私を呼ぶ」と言ってもいいのです。「他者の弱さが私を呼ぶ」とは何でしょうか。「他者の可死性――モルタリテ（mortalité）、他者が死ぬものだということ――それが人を呼ぶのだ」ということです。そういう弱き者としての、死すべき者としての、他者との関わりによって、私は唯一のもの、ユニク（unique）な者になる。かけがえのない者になる。

レヴィナスの哲学では、実体的な意味で「私」というような者はどこにもないのです。他者との関わりなしには、私は私であると言えるような、私というものはどこにもないのです。私というものは、いつでも他者との関わりにおいて、その関わりの中でかけがえのないものとなるときに、私になる。そして、その「かけがえのないもの」と「かけがえのないもの」の関わりが愛という言葉で表現されていることなんですね。

だから、「隣人を愛せ」という命令は、他者とのかけがえのない関わりの中に入れ、という命令です。そういう命令をわれわれは神から受けているのです。どこで受けているのだ。他者の顔において。顔の中でその命令が発せられている、と言うのです。レヴィナスは。

他者の顔に直面するときに、その顔から「殺すな」という命令をわれわれは受け取るのです。「殺すな」ということには、なんの理論的な根拠もありません。そこには命令があるだけです。もそれをなにか哲学的・論理的に根拠づけようとして、どんな理屈を考えても全部だめです。もうニーチェとかドストエフスキーとか、今日最初にお話ししたあの人たちが徹底的に、「殺すな」にはなんの理論的根拠もないということを考え抜いてしまったのです。

だから、そういう命令として神は現れるのです。他者の至高性として神は現れる。言いかえれば、「殺すな」という命令として神は現れる。あるいは「隣人を愛せ」という命令として神は現れる。そして、この考え方は、レヴィナスに特有の考え方というよりは、カントという哲学者もそういう考え方を基本的にはしているのです。

カントは「定言命法」ということを言うのですが、人間には絶対的な道徳的命令が与えられている、ということです。その絶対的な道徳的命令とは、他者を絶対にただの道具として使ってはいけないという命令です。他者は目的自体である、と。そういうふうに他者と関わりなさい、と。そういう命令が人間には与えられているのです。これがすべての道徳の基本で、これにはなんの理屈もない。そういう命令が与えられているだけだとカントは言うのです。

そこからカントの倫理学は出発するのですが、それをカントは死後の遺稿の中で、デウス・イン・ノービス（deus in nobis）とラテン語で表現しています。デウス・イン・ノービスとは「われわれの内にある神」という意味です。われわれの内にある神が、この「定言命法」です。カントは神という言葉をあまり――あまりというか、ほとんどというか――積極的な意味では使わない人ですが、遺稿の中でこんなことを言っているというのは驚くべきことです。カントはおそらく、デウスという言葉は、こういう意味以外には理解できないと言いたいのです。

そして、今日の話の終わりですが、人間の善なる行為において、すなわち他者へ善意を捧げることにおいて、それをもうちょっとレヴィナス流にいうと、他者の人質になることにおいて、それをもっと極端に言うと――レヴィナスもそう言っているのですが、新約聖書の言葉で言えば――友のために死ぬことにおいて神の栄光が現れる。それがレヴィナスの哲学です。

第三章

神

「阿弥陀如来座像」(平安時代[893年頃]の作品、清凉寺[京都]蔵)

1　ギリシア人の神

†ホメロスとギリシア悲劇における神

「ギリシア人の神」についてこれからお話ししますが、それは異邦人の神であって、キリスト教の神とは全く違いますから、まずこのことは念頭に入れておいてください。

ギリシアの思想文化では、その大本《おおもと》にあるのはホメロスですが、ホメロスの世界は神々と人間が交錯している世界です。つまり、人間の世界で人々が何かしている時、人間だけが何かしているのではなく、必ずその背後には神々がいる。たとえば、アガメムノンはギリシア軍の総大将で、アキレウスは最強の英雄ですが、『イリアス』の物語がどういうふうに始まったかというと、アガメムノンがアキレウスの愛人を奪ったことから始まったのです。

ブリセイスというたいへんな美女がいました。あの当時の戦争では、敵の城塞を落とすと敗者の男は殺され、女は美しければ妾になり、それ以外は奴婢になるというのが当たり前の帰結でした。アキレウスには、ブリセイスが戦功の褒賞として与えられていたのです。ところが総大将のアガメムノンは、そのブリセイスを横取りしました。アキレウスが怒って、戦線を離脱してしまったのです。アキレウスは匹敵する者のない英雄ですから、かれが戦線を離脱すると、ギリシア軍は壊滅の危険にさらされます。僻遠《へきえん》の地トロイアにまでギリシア本土から遠征にやってきて、それでアキレウスがいないと、もしかしたら全滅してしまう。トロイア側にはヘクトールという英雄がいるのですが、かれに匹敵する強者はアキレウスしかいないのです。

そこで、アガメムノンはアキレウスに謝罪しようとします。そのために、山のように賠償の品をアキレウスに差し出しますが、アキレウスは全然受けつけない。ところが面白いことに、アキレウスとアガメムノンの和解を取り扱う『イリアス』の第一九巻で、アガメムノンはこう言ったのです。「私が貴殿の愛人を奪ったあの日には、私が行為したのではない。女神アーテーが私に襲いかかったので、私は何もできなかったのだ」。

ギリシア語でエロース、タナトス、ヘーリオスなどの普通名詞は、同時に、愛の神とか死の神とか日の神という意味になりますが、同様に「狂気」という意味のアーテーは狂気の女神になるのです。アガメムノンは、人間の身でどうして神に抵抗できようかと言ったのです。私たちの目からみると、自分のしたことを神の責任にするとは何事か、何という言い逃れかということになるでしょう。ところが、ギリシア人はそうは思わなかったのです。どうして、これがかれらにとってはまっとうな弁明であるとわかるかというと、被害者でさんざん怒っていたアキレウスが「そうだ。あの日、貴殿は女神アーテーに襲われたのだ」と認めているからです。それで和解が成り立ったのです。

もう一つの例を挙げてみましょう。もともと、トロイア戦争とはこんなふうに始まりました。メネラオスというスパルタ王の后にヘレーネーという絶世の美女がいました。ところが、トロイアの王子アレキサンドロス（パリス）がスパルタに旅した時に、ヘレーネーを誘惑してスパルタからトロイアへ連れて来てしまったのです。だから、要するに不倫事件が戦争の発端なのです。ホメロスの世界では、美女を奪い合うために男たちが殺しあうというのは、男の行為の動機としてはごくふつうの出来事です。そこでヘレーネー奪還のために、アガメムノンを総大将とするギリシア軍が大船団を組んでトロイアに侵攻したのです。

さて、トロイアの平原で戦い合っていたある時、スパルタ王メネラオスは戦場で王子アレキサンドロスを見つけ、今こそこの女たらしに懲罰を加えようと決闘します。王子の兜の緒を摑んで土煙りの中でひきずりまわすのです。ところが、その時、天から女神アフロディーテーが降りて来て、濃い霧で王子を覆い、兜の緒を切って窒息死寸前の王子を救い出します。私たちならば、王子アレキサンドロスが窒息死寸前になったとき、何かの偶然で兜の緒が切れて窮地を脱したと考えますが、ギリシア人はアフロディーテーが救ったのだと考えるのです。

それには理由があります。この事件の発端は、三人の女神の中で誰が一番美しいかというコンテストがあったとき、トロイアの王子アレキサンドロスが判定人になり、アフロディーテーが一番美しいと言ったことにあるのです。そこで、アフロディーテーはアレキサンドロスに非常な好意を持ったのです。そして、トロイアの味方になるわけです。これに反して、女神アテーネーとゼウスの后女神へーレーは、最高の美女と言われなかったのでトロイア人に憎しみを抱き、攻め込んでくるギリシア方に味方をするわけです。そういう連関があるので、ここでアレキサンドロスがアフロディーテーによって助けられるわけです。

なにかすごく大きな力に押されて、ふつうなら出来ないような大それたことをしてしまったとか、あるいは今の場合のように、奇蹟的に虎口を脱したような時に、ギリシア人は神々の働きを語るのです。それについて、次にギリシア悲劇を少しお話ししてみようと思います。

ギリシア悲劇と言っても範囲は広いのですが、今日はエウリピデスの話をします。エウリピデスという人は、ニーチェがソクラテスのスポークスマンだという烙印を押して以来、非常な合理主義者だと考えられていますが、本当のところは、人間の中にある暗い闇の世界を抉り出すことに特異な洞察力をもった人なのです。

たとえば、『バッカスを信じる女たち』という悲劇があります。バッカスとはディオニューソスのことで、この神はもともとギリシアの神ではありません。かれは小アジアからギリシアに渡来した神で、オリンポス山にいるギリシア本来の神々の中にも入っていないのです。ブドウと陶酔と狂乱の踊りの神で、下層階級にものすごい勢いで拡がりました。

オリンポスの神々はどちらかというと貴族階級の神々で、ある種の理性的秩序をもって社会をコントロールしようとします。ディオニューソスが上陸した土地の、ペンテウスというギリシアの王もギリシア人らしく非常に理性的な人で、人間は理性的な秩序のもとに生きなければならないと考え、狂乱の衝動を解放するディオニューソス宗教を禁止します。

ところが、この王が神ディオニューソスにたぶらかされて、暗夜の山中の狂乱の宴を見にゆきます。そこでは女たちが、踊ったり葡萄酒を飲んだり生肉を食らったりしています。ペンテウスは、そこで八つ裂きにされて殺されてしまうのですが、誰が下手人なのかというと、ペンテウスの母親のアガウエという女なのです。これは、いったい何を言っている悲劇なのでしょうか。ディオニューソスという神は、人間のうちにある「生のほとばしる力」というか、抑えがたく非合理的な盲目の衝動を表していて、それを抑え込もうとした理性の権化が、生の迸《ほとばし》る力に八つ裂きにされたという悲劇でしょう。

ただ、この悲劇で、はたしてエウリピデスがディオニューソスに代表される生の力だけを賛美しているのかというと、そうでもないのです。理性の力も生の力も両方とも不可欠だと言っているものと思いますが、ただ迸る生の力を無理に抑圧しようとすれば、理性が破壊されてしまうという話なのでしょう。

さらに、エウリピデスには『ヒッポリュトス』という悲劇があります。これはラシーヌの『フェードル』という悲劇の原型です。ヒッポリュトスとはアテナイの王子で、大変な美青年で、頭もいいし、なに不自由なく世の中を渡れるはずの人です。ところが、この人は変わっていて、ものすごく禁欲的で、もちろん女性には目もくれない。アルテミスという貞潔を護る女神がいて、その女神は森の中で弓矢をもって野獣を追っています。アフロディーテーは愛欲の女神ですから、アルテミスとは対立関係にあるわけです。

さて、ヒッポリュトスはアフロディーテーを全然拝まず、むしろ馬鹿にして、アルテミスに一所懸命に献身しているのです。それを見て、このヒッポリュトスの老いたる下僕がなにか不気味なものを感じ、「まだ若いから人生が解らなくて、あんなことをしていますが、どうか赦してください」と女神アフロディーテーに祈るのですが、女神は赦さなかった。どういうことが起こったか。

アテナイの王テセウスの王妃はパイドラーという貞淑な、とても道心堅固な人です。そのパイドラーが、こともあろうに、テセウスが国外旅行をしている時にヒッポリュトスに恋心を抱くのです。自分としては、このような恥ずかしいことを心の奥底に秘め隠そうとするのですが、日々にやつれて死にそうになる。結局、乳母に問いただされて告白してしまったところから悲劇がおこり、ヒッポリュトスもパイドラーも横死を遂げてしまいます。

この悲劇はいったいなんでしょう。ヒッポリュトスがアフロディーテーを全く無視してアルテミスだけに献身するのは、人間としてバランスがとれていません。そのような人間のファナティックな危うさというものを、エウリピデスは書こうとしたのではないでしょうか。

もう一つ『メーデイア』という悲劇があります。メーデイアはコルキスという国の王女で、自分の子供を殺したことで有名な女です。イアソンという男が、金の羊の皮を探しにギリシアからやって来て、危うく命を落としそうになったところをメーデイアに助けられ、二人はギリシアに一緒にやって来たのです。その時、メーデイアはイアソンを心から愛していました。

ところが、イアソンという男は打算的な極め付きのエゴイストで、メーデイアとの間に二人も子供をつくっていながら、ギリシアのコリントスという国に来ると、コリントス王の娘と結婚しようとするのです。イアソンが言うには、この再婚はメーデイアとの間にできた息子たちを愛するためだ。かれが高貴な家と縁組みを結ぶおかげで、息子たちは財産と良い教育を得るだろう。メーデイアよ、お前には財産と、外国への推薦状を書いてあげよう。これで私としてはお前に恩を返したことになるだろう。これがイアソンの口から出る正義の言葉です。

外観は申し分のない紳士が、実は破廉恥《はれんち》極まりない心をかくしている。これを聞いて、メーデイアは激怒しました。これは人間として耐え難い侮辱だ。この侮辱に女としてどうしたら復讐できるか。最初は、この計画に関わった者全員を皆殺しにしようと思いましたが、結局、自分の恋敵になったコリントス王の王女を騙し討ちにして毒殺し、イアソンとの間にできた自分の息子たちまでもイアソンへの憎悪のゆえに殺してしまいます。

これは復讐の鬼となった女ですが、しかし、憎悪が炎となって燃え上がるかの女の心にも、優しい母親の心がときおり帰ってきて、その相克に苦しみぬくのです。でも、結末はこうです。「ダイモーン（ギリシア語で超自然的な霊のこと）やテューモス（怒り）が私に襲いかかって来て、私は自分で自分をコントロールできません」。だから、この場合も、先ほどのアガメムノンのアーテーと同じで、こうしてとんでもない人殺しを何回も繰り返させた力は、なにか自分を超えた神ダイモーンであるというわけです。

しかし神の介入は、必ずしも暗い話ばかりとは限りません。『イリアス』の冒頭で、アキレウスがアガメムノンと諍《いさか》いをして、あわや剣を抜いて切りかかろうとしたそのとき、オリンポスの山上から女神アテーネーが舞い降りて来てアキレウスの後ろ髪を引き、「怒りを静めよ」とささやきます。

これは、現代人なら、その時アキレウスの中に良心がささやいたのだろうとか、もしここで二人が殺し合いをしたら、ギリシア軍は自滅するだろうという反省がよぎったのだろうとか、フロイト流にいうと超自我がアキレウスの中で働いたのだろうとか理解するでしょう。しかしギリシア人にとっては、本当にアテーネーが空から舞い降りて来て、かれに「怒りを静めよ」とささやいたのです。

これまでの話では、どの例でもみな、ある一個人の人生に介入してくる神ですが、もっと大きな世界史の流れや出来事においても、それを動かしているのは神だという意識がギリシア人の中にはあります。『イリアス』の第六巻にはこういう話があります。トロイアの総大将ヘクトールが、女の部屋にこもって戦場に出ようとしない弟アレキサンドロスの怯懦《きょうだ》を叱責すると、例のヘレーネーが「トロイアの国がこんなに災厄で苦しむのは、アレキサンドロスの乱心と私の破廉恥のためです」と言ってとりなします。それから、「行く末永く私たちが人々に歌われるために、私たちにはゼウスが不幸な運命を定めたのです」と言うのです。

もちろんトロイア戦争とは、額面上はアレキサンドロスとヘレーネーとの不義から起こったものです(現代では、ボスポロス海峡の通行税をめぐる経済戦争だったという解釈が行なわれていますます)。その結果、ヘクトールもアレキサンドロスも殺されてしまいます。美しいトロイアの城壁も灰燼《かいじん》に帰します。ところが戦争の張本人であるヘレーネーには、ギリシア軍の怨念は向かいませんでした。ヘレーネーは再びメネラオスの妻としてギリシアに帰り、その絶世の美によって男たちに君臨するのです。

さて、「私たちには、ゼウスが不幸な運命を定めた」というヘレーネーの言い草は、なにを意味するでしょうか。この言い草にはトロイアの王プリアモスも同意して、「この涙多き戦いの責めはお前にではなく神々にあるのだ」と言って、かの女を慰めているほどなのです。つまり全体から見ると、この不倫事件からトロイアの落城までは、必然の過程なのだということに他なりません。

もろもろの条件が複合したこの必然的な過程を、ギリシア人は「ゼウスの意志」と呼んだのです。ヘレーネーは決して自分の恥知らずの責任をゼウスになすり付けようとしたわけではありません。「ゼウスの意志は満たされた」とギリシア人が言うときには、ゼウスがすべての出来事の主宰者であることを意味します。同時に、それは人間をも含めて宇宙大に拡大された出来事の逃れえぬ連鎖の承認であり、すべては起こるべくして起こったという意味です。

こうして、「ホメロスの神々」について次のように言うことができます。「ホメロスの神」とは人間のイメージで創られた。人間として最高の力と美を備えた存在を、かれらは「神々」と呼んだ。だから、神々の行動様式は英雄たちの行動様式と全く同じです。英雄社会をそのままオリンポスの山頂に投影したのが神々の社会なのです。したがって神々の間には、争い、憎しみ、恋愛、不倫、騙し合いさえあるのです。

では、神々と人間との間には、どういう違いがあるのでしょうか。それは、人間が死すべき者であるのに対し、神々は不死であるという点です。これは、何を意味しているのでしょうか。ギリシア人の神々が人間の本性あるいは自然を表しているということにほかなりません。私たちならリビドーとか無意識とか、怨恨、憎悪、愛欲などの言葉で表す事柄を、ギリシア人は神々の働きとして表したのです。自然は個々の存在者を支配する抗しがたい力です。私たちは死にますが、自然は不死なのです。それが、神々の不死ということなのです。

†自然哲学における神

「ギリシア人の神」というのは「キリスト教の神」とはまったく違います。世界内在的な存在です。事実、ホメロスにおいては、神々が人間の女と一緒になって英雄が生まれる、あるいは人間の男が女神と一緒になって英雄が生まれる、そういう構図です。つまり、神々と英雄は親戚にほかなりません。では、神々と英雄はどう違うか。英雄の方は人間ですから神々ほどの力はなく、神々を有限化し縮小化した存在です。だが、神々と人間が血縁関係にあるという、神のこの内在的性格は何を意味するでしょうか。

ホメロスの次にギリシアで権威があるヘシオドスという詩人が『神々の系譜』という本を書いています。ギリシア文学で二番目に古い本で、神々がどういうふうに生まれて来たかを書いている本です。それを見ると、まず始めにカオスが現れた——カオスの元の意味は裂け目です

――つまり、始めに、見分けがつかないほどの暗黒のかたまりがあって、それが真っ二つに裂けたということでしょう。

カオスとは現代語では「混沌」という意味になっていますが、元は「大きく口を開ける」という意味です。その原初の分裂から、胸幅広きガイア（大地）、霧深きタルタロス（地底界）、ヘーメレー（昼）、ニュックス（夜）、ウーラノス（天）、ポントス（海）、クロノス（時）、エロース（愛）、タナトス（死）などいろいろな神々が次々に誕生してくるわけです。

この神々の誕生物語によって、ヘシオドスはあらゆる実在領域をカテゴリー的に分類し、その実在の領域が神だと言っているのです。愛も死も実在の領域（力）です。ヘシオドスは、哲学的にいえば、存在の諸領域が神だといっているのであって、その存在は超越者ではなく、私たちが住んでいるこの世界にほかなりません。

ここから、哲学の話に入りますが、紀元前六世紀にタレスという人が哲学を始めました。タレスは「万物は神々に満ちている」と言ったのです。ホメロスとかヘシオドスが擬人的な神観念のもとに、ゼウス、ヘーレー、エロースなどと物語っていた神々を、タレスはおそらくはもはや信じてはいません。タレスは「万物は水である」と言ったのですが、この発言内容自体はどうでもよい。かれが万物の根拠である究極的な実在を世界内在的な存在者として捉え、それを「神」と言ったことが重要なのです。それが「万物は神々に満ちている」という言葉の意味です。

この考えを典型的に表しているのがヘラクレイトスの思想で、かれの有名な断片に「神とは〈昼と夜〉、〈冬と夏〉、〈戦争と平和〉、〈飽満と飢餓〉」（断片六七）というのがあります。つまり、このように正反対な形態のもとに現象してくる世界の諸存在者は、相互に循環しながら根源において一つであり、それが神だと言っているのです。あるいは「不死なるものは死すべきもの、死すべきものは不死なるもの」（断片六二）という断片もあります。

その意味は、生と死は同じものであるということです。死の変形したものが生で、生の変形したものが死で、それらは全部一つの不死なる根源者の変容だから、同じものだと言っているのです。この点に関して、一つの有名な話がアリストテレスによって伝えられています。

ある時、大勢の人々が高名な哲学者ヘラクレイトスに会おうとやって来ました。すると、みすぼらしい老人がパン焼き窯のそばに座って暖をとっていました。人々は高名な哲学者のところに、知恵の言葉を聞こうとやって来たのに、みすぼらしい姿の老人を見て失望し、中へ入ろうともせずに帰りかけました。するとヘラクレイトスは、「来たれ、ここにも神います」と一喝したというのです。つまり、パン焼き窯のところにも神はいるという意味です。

ハイデガーはそれについて一つの解釈をしています。神は、天とか神殿とかオリンポス山とかいうような特別な場所にいるのではなく、私たちが慣れ親しんでいる日常的な場所のどこにでもいるのだ。それがヘラクレイトスの言葉の意味である、と。それでは、哲学的にそのことを言い直すとどうなるでしょうか。自然哲学の中で哲学化された神とは実体です。人間とか桜とか山とか水などの諸存在者は、この実体の現象である。つまり、それが、存在者の可滅性に対する神の永遠性です。実体は生まれもしなければ滅びもしない。しかし実体から現象してくるものは、絶えず生まれたり滅びたりしているのです。

アナクシマンドロスという、タレスの次に現れた哲学者は、「もろもろの存在者は、そこからそれらが生まれてくる源へと必然の定めに従って滅び去らねばならない。犯した罪のゆえに、時の秩序に則り、互いに罪の償いをし合わねばならないから」(断片一)、といっています。アナクシマンドロスは根源の実体を「アペイロン(無限なるもの)」と名づけました。根源の実体は、特定の存在者としての形をもたないもの、時間的に無限なもの、不生不滅なものという意味です。われわれ人間をも含めて、すべての存在者はこの「無限なるもの」から生まれ出て、「無限なるもの」へと滅びてゆくのです。

この生成消滅を、どうしてかれは犯した罪の償いとして描写したのでしょうか。これにはいろいろな解釈がありますが、私たちが存在するということが、もともと根源的実体からの離反なのだという理解が妥当でしょう。根源的実体のうちに安らっていれば、私たちには挫折や滅亡という苦しみはなかったはずです。根源的実体から独立離存して、個体として存在しようとしたこと自体が罪なのです。だから、その罪の罰を支払って、死んで根源的実体に帰るのだという思想です。先ほどの実体と現象という話と同じ趣旨です。

それでは、「神に逆らう者は滅ぼされる」という信仰は、自然哲学におけるこの神観念において、どのように理解されるでしょうか。ここでは、神とは自然であり、自然とは支配するものなのですから、自然に逆らうもの、反自然的な行為は、必ず破滅という報復を受けるという意味です。アナクシマンドロスの断片が言っていることは、そういうことです。エウリピデスのヒッポリュトスは、あまりに清潔すぎて反自然的人間だったのです。だから、神々（自然）の復讐を受けて滅びてしまったのです。「自然は徹底的に支配するもの」、これが「神々には逆らえない」という言葉の意味です。ですから、自然哲学における神とは、基本的にホメロスの神を論理化し抽象化したもので、そこには同一の考え方が連続して流れているのです。

†ホメロス、ヘシオドスの神々に対する批判

ホメロスやヘシオドスの神々（すなわち、ギリシアの伝統的な神々）に対する最初の批判者は、紀元前六世紀の哲学者クセノファネスです。この人は、ホメロスやヘシオドスの描く神々の非倫理性を批判しました。神を擬人化して理解し、人間のような神を考えたところに大きな間違

いがあるといったのです。クセノファネスの有名な断片に次のようなものがあります。

「ホメロスとヘシオドスは、人間たちのもとで恥辱と非難の的であるすべてのことを神々に帰した。すなわち、盗み、姦通、お互い同士の騙し合い。」（断片一一）

「かれらは、どれほど多くの不法な行為を神々について語ったことか。盗み、姦通、お互い同士の騙し合い。」（断片一二）

「神々が生まれたものであり、人間たちのものと同じような衣服、姿、声をもつ、と死すべき者共は思っている。」（断片一四）

「エチオピア人は、神々は獅子鼻で色黒だといい、トラキア人は、碧眼紅毛であると言っている。」（断片一六）

「もしも、牛や馬やライオンが手を持っていたならば、あるいは、人間のように、手で描いたり芸術作品をつくれたら、馬は馬に似せ、牛は牛に似せて神々の姿を描き、かれら自身のような神々の体をつくったことだろう。」（断片一五）

これらの断片はいずれもホメロスの神々の非倫理性を弾劾しているのですが、それは、神々を人間に似せて理解しようとする擬人化に問題があると言っているのです。もし擬人化が成り立つのなら、擬馬化も擬牛化も成り立つでしょう。馬にとっての神は馬であり、牛にとっての神は牛であるということになります。これは非常に論理的で説得力のある考え方ですね。この批判は非常に深い射程をもっています。一般に、人間がものを理解するとはどういうことかというと、対象を擬人化する以外にはないのです。つまり人間は、人間の持つ理解能力あるいは理解の枠組みに従ってしか物事を理解し得ません。だから、人間が理解する宇宙は人間化された宇宙であって、馬が理解する宇宙とは異なっているでしょう。

そうだとすると、ホメロスやヘシオドスが人間のイマゴー（似像）として神を描いたのは自然の成り行きです。しかしクセノファネスの偉大な点は、神に関しては擬人化は許されないのだから、神に関してだけは普通の人間の了解方式を適用できないと暗に主張している点にあります。つまり、クセノファネスはここで神の超越性、超自然性を予感しているのです。つまり、神は人間の理解のうちには入らないと示唆しているのです。

ここで、クセノファネスのおそるべき思索力の表れた断片を三、四挙げておきましょう。

「唯一の神、神々と人間の間で最大なるもの、それは姿においても、思惟においても、死すべきものとは似ても似つかない。」（断片二三）

つまり、われわれの持つイメージで神を考えてはだめだということです。

「神は見る働きそのもの、考える働きそのもの、聞く働きそのものである。」（断片二四）

神は純粋精神だと言っているのです。

「神は労することなく精神の力により万物を揺り動かす。」（断片二五）

「神は常に同じ所に留まり、いささかも動かない。ある時にはある場所へ、他の時には他の場所へと位置を変えるのは、神にはふさわしくない。」

（断片二六）

これは神の遍在と不変性のことです。

以上は、神が自然的・物体的な存在者ではないという、歴史を画する主張の必然の帰結だと言っていいでしょう。このクセノファネスの影響を受けたパルメニデスという哲学者は、存在の唯一性、不変性、無時間性を論理的に基礎づけて、以後のヨーロッパ存在論の基礎を定めた偉大な哲学者ですが、かれの思索はクセノファネスの直感を論理化する仕事でもあったのです。

最後にソクラテスですが、クセノファネスが神の概念を存在論的に純化したのに対して、ソクラテスは神の概念を倫理的に純化したと言えると思います。ソクラテスは「神は善そのものである」という言い方をします。ホメロスとの関連から話を始めますと、プラトンの『国家』篇の中で、ホメロスや悲劇詩人たちは理想国家から追放されてしまいます。なぜ詩人たちは追放されてしまうのか。詩人が嘘を吐くからだ、とソクラテス（プラトン）は言います。しかし詩人や小説家はフィクションを作るのが仕事なのだから、嘘を吐くのは当たり前ではないか。そうではありません。許されない嘘というものがあります。それは神々についての嘘です。

つまり、ホメロスとかヘシオドスとかギリシア悲劇には、神々が姦通したり、戦争に加担したり、騙し合いをしたりする話が山のように出てきます。なぜそれが嘘になるか。それは、神がその本質において善なるものであり、悪を行なうことができないからなのです。熱いものは熱を放射してその回りのものを熱くするが、冷たくすることはできません。逆に、冷たいものはその回りのものを冷たくして、熱くすることはできません。物は本来、その物の本性を周囲に放射しています。だから善なるものは常に善なる行為しかできないのです。これが、『国家』篇で述べられるソクラテスの主張です。

神の本性に関するもう一つの論点は、『ソクラテスの弁明』の中に表れてきます。そこでの報告によると、デルフォイの神託により、ソクラテスはこの世でもっとも賢い者だといわれました。もちろん、自分の無知を自覚しているソクラテスは、この神託の意味をすぐには了解できず、神託の謎を解こうと町に出て、知恵と徳に優れていると思われている人々との対話活動に入りました。その結果、ソクラテスが理解したことは、自分も善や美について無知であるが、他の人々も同じように無知であるということでした。

しかし、自分は自分の無知を知っている分だけ、他の人々よりもましであると気づきます。それが、この神託の意味しているところで、有名な「無知の知」です。人間の知とはきわめてわずかで無に等しく、本当の知者は神だけだというのが、この神託が告げようとしたことなのです。つまり、ソクラテスのように、善美に関して何も知らないということを自覚している人間が、人間として最高の賢者なのだということです。

では、ここで求められている知恵とは何でしょうか。それは理論的な知識でもなく、科学的な知識でもなく、ただ善と美に関する「知」です。ソクラテスの「徳は知である」という逆説は、徳は善・美に関する真実の「知」に基礎づけられていなければ、本当の徳として成立しないという意味です。だから、「知」がなくても「徳」があるということはあり得ないのです。つまり、よくあるように、徳が何であるか知らなくても、ただ本性的に節度があり勇気がある人がいたとしても、そういう人は脆く危険な状態にあり、すぐ崩壊してしまう恐れがあるということです。

知に基礎づけられた節度とか勇気でなければ、本当の徳ではないのです。「徳は知である」というパラドクスは、「勇気が何であるかを知っている人が、必ずしも勇気のある人とは限らない」というような反論を呼び起こすものと一般には理解されています。しかしソクラテスの語る「知」とは、そういう単なる対象的な知識ではなく、まさに「知」によって基礎づけられた有徳な行為を実現する行為能力だと理解してよいでしょう。

ソクラテスは「知」と「徳」の合致ということについて、たとえば人間と神の間とか男と女の間とかに差別を認めていません。二重尺度説をとっていないのです。だから、人間にとって有徳なことは神にとっても有徳であり、男にとって有徳なことは女にとっても有徳なのです。有徳性は、まさに徳の本質に由来することなのですから、男の徳とか女の徳とかいうものはないのだという考えです。『国家』篇の中には、現代のフェミニズム運動を励ますような女性解放の議論が一杯あります。なぜ女性解放の議論になるのでしょうか。それは人間の本質を考えた時に、男と女の違いというのがあるとしても、問題にならない程度だからです。

しかし人間と神との間には、知に関して絶対的な差異があります。「神の知」は真実の知で完全な知である。これに対して、人間の知は不完全です。そのために、徳は知によって基礎づけられるのですから、「神の徳」は完全な徳であるのに、人間の徳が不完全になるのです。この考えは、神の有徳性に関して不完全なことを語るのは間違いだという論拠になるでしょう。

ソクラテスは、倫理の尺度において、人間と神との間に差異はないと考えているのです。だから、アテナイの街角で、かれは対話によって倫理の原理を基礎づけようとしたわけですが、そうやって基礎づけられた倫理の原理は、死すべき人間にとっても不滅の神々にとっても普遍的に妥当するものでなければならないのです。言い換えれば、善が、単なる自然性を超えた「彼方からのもの」であることは、おぼろげながらでも人間に分かっているわけですが、その「超自然性」は完全な姿で神において実現されているという洞察です。

この新しい、ソクラテスの考えは、今までギリシアにあった伝統的な倫理観とは、全く別種のものであったでしょう。ギリシア人の伝統的な考え方とは、ホメロスや自然哲学で語られていた「自然が神だ」という考えであり、その帰結としての「人間の自然性の現れがそのまま神の現れである」という考えですが、クセノファネスやソクラテスはそれとはまったく違う考え方を開始しています。善がこの世の彼方、自然の彼方であるということを予感させる思想を打ち出したのです。この時代から四〇〇年くらい後にキリスト教が成立するわけですが、キリスト教の誕生を予感させるような考え方だといえるでしょう。

どうして、徹底的に「この世的な」ギリシア人のなかに、このような思想が生まれたのか。ソクラテスは『弁明』篇のなかで、「自分はアテナイ人に対する神からの贈り物である」と言っています。キルケゴールによると、この言葉は、「私は神からの贈り物である。神の贈り物である私を、もしも君たちが誤解したら、君たち自身がひどい不幸に陥るのだ」という意味になります。「神の贈り物」とは、ギリシア人がギリシア人の思想と伝統の中から生み出すことのできなかった者という意味でしょう。それがソクラテスだということです。だから、そこにはギリシアの伝統に対する断絶があるわけです。そういう異質な者は、当然殺される運命にあるでしょう。このような意味で、ソクラテスは当然殺されるべき者であったのです。

2　ソクラテスの神

†ソクラテスの信仰の特徴

ソクラテスにとって、真理の究極の審判者は理性的な論証です。たとえば、かれはこう言っています。「いま初めてというのではなくて、いつも、僕は、自分自身でよく考えてみて最善と思われるロゴス以外のなにものにも従わないような、そういう種類の人間なのだ。」（『クリトン』四六B）。しかし、同時に、ソクラテスは超越的な領域から到来する命令にも従っていました。

すなわち、「このことの遂行〔反駁的対話によって他者と自分自身を善美について吟味すること〕は、私の主張では、神によって私に命令されているのです。それは、神託によっても夢によっても伝えられた。その他、なにか神の決定が人間に対してなにかを為せと命じた場合にとられる、あらゆる伝達の方法によって伝えられたのだ」（『弁明』三三C）。生き方のこれら二つの姿勢は、ソクラテスにおいては矛盾していません。むしろ、それらは一致していた、と言ってよいでしょう。なぜなら、神によってソクラテスに命ぜられたことは、まさに理性的な対話によって人間の生き方を吟味することであったからです。

しかし、私たちが事実として前提しなければならないことは、ソクラテスはいろいろな点でかれの時代に先んじていましたが、同時に、時代の子でもあったという点です。たとえば、かれは伝統的なオリムポスの神々の世界を疑いもなく受け入れています。かれは心底からの宗教的人間で、この伝来の宗教体系の内に生まれ、それを完全にふり棄てることはありませんでした。プラトンの初期ソクラテス対話篇の中で、神々の存在と力がソクラテスによって疑問視されたことは一度もありません。

しかし他方で、ソクラテスが生きていた時代には、超越的なものを完全に排除した自然学はすでに成立していました。必然の秩序によって支配される存在者の総体としての宇宙（コスモス）という概念は、タレスからデモクリトスにまで至る自然学の展開のうちですでに成立していて、宇宙の外部からこの宇宙の必然の秩序に介入するような超越者は、自然学者たちにとってはもはや問題外でした。なぜなら、宇宙の外には定義上なにもないからです。存在するもののすべてが宇宙であるからです。これらの体系においては、自然そのものが究極的存在としての神なのであり、そういう意味で神は自然化され、理性化され、自然の秩序と一体化されたと言ってよいでしょう。ソクラテスは『弁明』篇の中で「自分をこのような自然学者と混同してはならぬ」と聴衆に訴えていますが、それほど、当時自然学は知識人を捉えていたのであり、その無神論的傾向は人々の敵意を買っていたのであり、ソクラテス自身は不敬虔のかどで告発されるほど無神論的自然学者と混同されていたのでした。

しかしソクラテスは、このような無神論的自然学の時代思潮との対比から言えば、本質的には、徹底的にそれと対立する信仰者であったといえるでしょう。しかし、ソクラテスにおいて微妙にして危険きわまりない点は、かれが伝統的な神々をそのまま受容していたのではなく、まさにかれの批判的理性による徹底的な合理化によって、神の観念を哲学的に純化しようとしたところにあります。すなわち、かれは神々が倫理的尺度に合致することを要求したのです。

このことは、あまりにも人間臭いオリムポスの神々の立ち居振舞いをそのまま信奉していた保守的な人々にとっては、無神論を予感させる危険な考えと見えたかもしれません。ちょうど、イオニアの自然学が神を自然化し法則化することにより合理化したように、ソクラテスは神を倫理化することにより合理化したといってよいでしょう。ソクラテスの神は、理性が納得する倫理性を身に備えることによって、超自然的であると同時に理性的な存在者となったのです。

それゆえ、ソクラテスは自然神学ではなく倫理神学の建設者であるといえるでしょう。それは、善が神々をも制約する最高の規範であるという、かれの直覚の産物です。あるいは、別言すれば、善そのものが神であり、それ以外に神なる言葉は意味をなさないという直覚である、といってもよいかもしれません。

†ソクラテスの神学の骨格

「――そうであれば、いやしくも神である以上は本当に善きものであり、そして、その通りに語らねばならないのだね。

――まったくです。

――だが、善いものはどれも有害ではない。そうではないか。

――その通りだと思います。

――では、いったい、有害でないものが害を与えるだろうか。

――そんなことは決してありません。

――害を与えないものが、なにか悪をなすだろうか。

――そういうこともありません。

――しかるに、なにも悪をなさないものである以上は、いかなる悪の原因でもないだろうね。

――どうして、そんなことがありえましょう。

――では、どうだ。善きものは有益か。

――その通りです。

――しからば、善き行い（eupragia、繁栄、幸福）の原因だね。

――ええ。

――しからば、善きものは決してすべてのものの原因ではなく、善い状態にあるものの（幸福であるものの）原因ではあるが、もろもろの悪については原因ではない（anaition、責任がない）のだ。

――まったくその通りです、とかれは言った。」（『国家』三七九B―C）

この文章で、プラトンは、神について語るすべての詩人が従わなければならない神観念についての原則を書き下ろしているのですが、これは西欧における最初の神学の素描であるといってよいでしょう。同時に、ここで述べられている思想は純粋にソクラテス的なもので、歴史的なソクラテスが描写されていると考えられている初期の対話篇に異質な前提は一つもありません。

「神が害を加えることはない」もしくは「神が悪意をもつことはない」という論点は、ソクラテスが伝統的なギリシア宗教に与えた決定的な衝撃、決定的な新しさでした。ギリシア神話は、神々がお互い同士のあいだで、あるいは人間たちに対して腹を立て、悪意を抱き、加害を企てる物語で満ちみちています。ソクラテスはそのような物語で語られている神々を、一網打尽に浄化したといえます。それは、「復讐の禁止」が伝統的なギリシア人の倫理に与えた決定的な新しさと並ぶ、神観念に関する革命的な進化であったといえるでしょう。

†善なるもの

さて、前節「ギリシア人の神」で述べたように、クセノファネスは神を存在論的な方向で純化したが、ソクラテスはそれを倫理的な方向で純化したということができるでしょう。すなわち、神は善そのものであり、善の充満である。では、そのような神理解にソクラテスはどのようにして到達したのでしょうか。多少重複になりますが、この点を簡単に確かめておきたいと思います。

「だが、諸君、おそらくは、神のみが真実の知者であり、人間の知恵はなにか僅かなもの、無に等しいものでしかない、とこの神託は語っているのであろう。私の名前を用い、私を例にして、ソクラテスのように知恵に関しては真実にはなにものにも値しないと知っている者が、諸君のうちで最高の知者である、とあたかも告げているかのように。」

（『弁明』二三A―B）

ここでソクラテスは、人間と神の相違を知恵の相違として語っています。すなわち、人間の知恵は無に等しいもの、これに対して、神の知恵は真実のものです。しかし、ここで知恵といわれているもの――あるいは、すべての対話篇を通して、およそソクラテスが知恵といっているもの――は、理論的科学的な知識ではなく、実践的な知恵、あるいは善美についての知です。『プロタゴラス』篇では、すべての徳が、正義も節制も勇気も知にほかならないと言われています。もちろん、その知とは善美についての知恵です。

そうであれば、もし神の知が完全であれば、かれの徳もまた完全でなければなりません。なぜなら、この「徳は知である」もしくは「徳は知によって基礎付けられ実現される」という事態は、徳の本質はあらゆるところで同一であるのだから、男についても女についても神についても同様に妥当していなければならないからです。ソクラテスは、倫理について二重尺度説を認めないのです。男についても女についても健康の形相が同一であるように、正義の形相も勇気の形相も同一でなければならないでしょう。

この思想は、いまここでの文脈では、倫理の尺度における人間と神との平等を導入するきっかけとなっているのです。アテナイの街角で、反駁的対話によって基礎付けられた倫理の原理は普遍的に妥当せねばなりません。死すべき人間にとっても、不滅の神々にとっても。それゆえ、神の知恵が完全であれば、神の徳もまた完全でなければならず、したがって神は善の充満でなければならないのです。

†無神の者ソクラテス

神は善そのものであり、善の充満である。その善は、人間においてさえ復讐の禁止にまで至る厳しい要求を課する以上、神についてはなお一層のこと、この要求は厳密でなければならないでしょう。しかし、そうすると、気まぐれで、すぐに腹を立て、復讐を企てるポリス公認の神々は、神として認めえなくなるでしょう。もしもかれらをこの厳しい倫理によって改善するとすれば、それは古い神々を破壊して新しい神を導入することと同じことになるでしょう。それが、まさにメレトスの告発状が言っていたことなのです。

「エウテュフロン――どうか私に言ってください。いったいあなたは何をして若者たちを腐敗させた、とメレトスは言うのですか。

ソクラテス――それが、君、聞いたかぎりでは馬鹿げたことなのだ。というのは、かれは、僕が神々の創作者であると言うのだ。そして僕を、新しい神々を創作し古い神々を礼拝しない者と見なして、このことのために告発したと主張しているのだよ。」

（『エウテュフロン』三A―B）

ここで、ソクラテスが馬鹿げた告発だと言っているのは、『弁明』篇の中で、かれがしばしば「この告発は根拠のないものだ」と言っているのと同じ意味においてです。なぜなら、かれらはソクラテスを「神を信じない者」として告発したのですが、自分こそ「神を信ずる者」であるとソクラテスは言うからです。しかしソクラテスは、「国家公認の神々を信じている」とは決して言いません。ただし、クセノフォンのソクラテスはそう言うのです。

「まず、ソクラテスは国家公認の神々を礼拝しなかった、とかれらは言うが、いかなる証拠にもとづいてかれらはそう言うのか。というのは、かれは家においても国家公共の祭壇においても、しばしば犠牲を献げたことが明らかであり、また占いを用いたことも知られているからである。なぜなら、〈ダイモニオンが自分に告げ知らせる〉とソクラテスが言っていたことは、広く人々のあいだに語られている事実であるからである。ソクラテスが新しい神々を導入したとかれらが非難したのは、このことのゆえであると私には思われる。しかし、占いを信じて鳥や人語や前兆や犠牲を用いる他の人々とは異なるなんの新しいことをも、ソクラテスは導入してはいないのである。」（クセノフォン『ソクラテスの想い出』一、一、二―三）

「どうしてソクラテスは告発状に値するであろうか。かれは、告発状に記されているように、神を信じないどころか、あらゆる人々のうちでもっとも神々の祭儀に奉仕する人であったこ

とは、明白であるからである。」（同上、一、二、六四）
しかし、もしもソクラテスがこういう人物であったとしたならば、かれが不敬虔の罪で告発されることは決してなかったでしょう。また、仮に告発されたとしても、祖先伝来の祭儀の忠実な遵奉者であることを証明して、ただちに放免されたことでしょう。だから、クセノフォンのこの見当違いのソクラテス弁護は、ソクラテスの告発の真実の理由を逆に照らし出しているのです。

それゆえ、ソクラテス告発の真実の理由は、キルケゴールも言うように、神々の行状に疑問を投げかけることにより、かれが伝統的信仰の基盤を掘り崩したところにあります。しかし、ソクラテスが祖先伝来の信仰からかくも離れていったのは、どこか天の彼方から特別の霊感が与えられたからではなく、かれが祖先の信仰の中にかくれている「善の要素」に鋭く純粋に反応したからだということを忘れてはなりません。その意味で、これは理性の作業であったと言うべきです。

しかし、この理性は、単なる目的合理性あるいは価値中立的な啓蒙的理性ではありません。そうではなくて、ソクラテスの場合、その理性はすでに善と一体化した理性なのです。だから、ソクラテスの新しい神観念の源泉は伝統的な宗教の中に埋没している善の観念であり、ソクラテスはこれを反駁的対話によって純化し、混濁した神観念に対立させたのだと言うことができるでしょう。

ソクラテスの神観念に関する以上の解釈は、『エウテュフロン』篇によってさらに明証的な根拠を得ることができます。

「そもそも敬虔は、敬虔であるがゆえに神々に愛されるのか、それとも、神々に愛されるがゆえに敬虔であるのか。」（『エウテュフロン』一〇A）

このソクラテスの設問の意味は次の点にあります。二者択一の一方の選択肢である「神々に愛されるがゆえに敬虔である」とは、たまたま或る行為が神々の気に入るから、その行為は敬虔になるということを意味しています。この場合、もしも神々が気まぐれで、ある時には或る行為を愛《め》で、他の時には他の行為を愛でたとすれば、敬虔は神々の気分に左右されることになり、一定の内容を持ちえないことになるでしょう。

これに対して、他方の選択肢「敬虔であるがゆえに神々に愛される」とは、あらゆる他の諸徳と同様に、敬虔もそれ自身の一定の本質をもっており、この本質が、ほかならぬこの本質であるがゆえに神々の気にも入るという意味です。だから敬虔という事柄は、人間にとっても神々にとっても同一の内容をもつものとして、等しく規範として妥当していなければならないという意味です。

では、そもそも敬虔とは何でしょうか。エウテュフロンは次のような定義を提出します。「もしも人が祈りや犠牲を捧げるに際して、神々の気に入ることを言ったり為したりすることを知っていれば、それが敬虔である」(同上一四B)。ソクラテスはこの定義を厳しく撥ねつけます。それでは、敬虔とは「神々とわれわれ人間とのあいだの一種の交易術」ではないか。しかし、私たちの方はあらゆる善きものを神々から受け取るが、神々は私たちから何を受け取るのか。何もないではないか。すなわち神々と人間とのあいだで、交易などそもそも成立してはいないのです。

「さあ、それでは言ってくれたまえ、いとも優れた人よ。神々への奉仕とは、どんな仕事の達成のための奉仕なのか。——ゼウスにかけて言ってくれたまえ。神々がわれわれを奉仕者として用いながら達成するあのいとも美しい仕事とは、いったい何であるのか、を。」

(同上一四E)

この問いの中には、答えへの暗示が隠されています。すなわち、敬虔とはなにかの定めや掟を守るということではなく、美しい仕事をすること、奉仕をすることです。ソクラテスは街角に立って、道行く人々に「自分自身の魂を配慮せよ」と呼びかけましたが、この仕事が神々によって命ぜられた「神への奉仕」であると言っています。

「そして、この仕事が忙しいために、ポリスのことについても私のことについても、語るに値することを行なう暇がなくて、私は極貧のうちにあるわけですが、これも神への奉仕のためだったのです。」

（『弁明』二三B—C）

「よく知っていただきたい。私がこういうことを為《し》ているのは、それが神の命令だからなのです。そして、私が思うには、諸君のために、このポリスの中で、神に対する私のこの奉仕よりももっと大きな善は、いまだかつて行なわれたことがないのです。」

（同上三〇A）

このソクラテスの言葉では、神は「神々」という複数形によってではなく「神」という単数形によって語られています。そこに、民族宗教を超えるソクラテスの新しい神観念が期せずして現れているかもしれません。しかし、さらに重大なことは、ここに敬虔の新しい概念が出現したことです。敬虔とは、人々を益するために神の仕事を遂行することである。

ちょうど、復讐の禁止という正義の概念が倫理における革命的な変革であったように、神の仕事の遂行という敬虔概念は、当時の宗教における敬虔さの革命的な変革であったに違いありません。当時の宗教が大方祭儀宗教であったことを顧みれば、このことは想像に難くないでしょう。人々は、犠牲の燔祭を捧げ、祭儀的行為を遵守することによって、神々に嘉納され、神々の恩恵に与りうる、と信じていたのであり、それも自分自身の願望を実現するためであったのです。

これに対して、ソクラテスの考える敬虔な人の祈りは、「私の願望が成就しますように」ではなく、「神の意志が私の行為によって成就しますように」である。ソクラテスの敬虔とは善そのものである神への献身ですが、そこでは、自分自身の善と他者の善とは必然的に結びついています。なぜなら、神はまったくの善なる者として、私たちから神自身のために何かを要求することはなく、ただ私たちのために善を為すのみであり、この神の善なる仕事を私たちがかれの代理人として遂行することを求めているからです。それが敬虔であり、ソクラテスが命を賭けて献身した「魂をできるだけ善くする」という仕事にほかなりませんでした。

3　妙好人と絶対他力

これまで、私はたいてい西洋の思想を材料にして、人間はいかに生きるべきかという話をしました。それは主に、人間の自由とか平等とか、あるいは人間はどういう社会を作って生きなければならないかとか、正しい社会とはどういう社会なのかとか、そういう問題でした。しかし本当は、それだけではちょっと足りない。その足りないところを、日本の話を材料にして話してみたいと思います。

では、何が足りないのか。社会の中でどうやって生きるかとは、要するに一所懸命頑張って生きることです。つまり、自分の能力を発揮して自己を実現する。自分の人生は自分でしっかりとうち立てる。そういうようなことです。みなさんが就職試験を受けてどこかの会社に受かったということも、そんな努力の表れです。しかし、人生はそれだけでは済まない。そういうふうに頑張って、人と競争して生きているのはいいことではありますが、人には能力の違いもあるし、能力の限界もあるし、だからどこかで挫折するということがあるでしょう。

人と競争するということは、自分が負けるか他人が負けるかということです。だから、社会のなかには勝者と敗者が必ず出てきます。そうであれば、私たちにはいつでも敗者になる可能性があります。挫折する可能性があります。その時にどうやってこの挫折にも耐えることが出来るか、あるいは、挫折にもかかわらず元気よく生き延びることが出来るかという問題があるでしょう。どうすれば安らかに生きることが出来るかという問題ですね。

みなさんはこれから社会に出ていくのだから、どうしてもそういう競争社会に入っていくわけです。だから、そこで希望を持ち続けるということは、どうしたら挫折に襲われてもそれを乗り越えられるかという問題です。

みなさんには必ず挫折がやってきます。挫折したときに人間は希望を失います。希望を失うとは絶望することです。絶望というのは、真っ暗な闇の世界の中に落ち込んでしまうことです。絶望とはどんな状態か。それは、失敗とか挫折とか不安とか意気阻喪とか無力感とか、それから病気です。身体の具合が悪くなるとか、身体の不調というのは、身体だけの問題ではなくて、たいていは心の不調からやってくるのです。しかし、人間は力の弱い有限な存在だから、必ず失敗や挫折は起こります。そういうことがない人は存在しません。必ず、すべてのひとが失敗や挫折に見舞われます。

最近、鬱病の人が日本の社会に大勢いるといわれています。テレビでもしばしば鬱病の番組をやっています。鬱病になると、何事にも興味がなくなる。人に会うのが恐ろしくなる。自分の部屋に閉じこもって外に出られなくなる。死にたくなる。そして、最後に自殺してしまう。それは、一言でいえば生きる力の衰弱です。

これは、経済的な失敗とか、職場での人間関係の挫折とか、離婚とか、病気とか、いろいろなきっかけで起こるでしょうが、結局は、誰からも相手にされない、自分を気にしてくれる人が一人もいない、自分の人生には意味がない、そんなふうに感じられるところから来るだろうと言っていいと思います。だから、絶望の根源にあるのは孤独です。誰にも相手にされない寂《せき》寥感《りょうかん》。この孤独が絶望の根源なのです。

自分を大事に思ってくれる人がこの世の中に一人もいない。その時に、人間は自分の存在には意味がないと思うのです。これが絶望です。

ドストエフスキーの『分身』という小説の中にゴリャートキンという男が出てきます。誰からも相手にされない。そして気がふれてしまう。そのプロセスを、かれはつぶさに描いています。誰からも相手にされないと、人間はおかしくなってしまうか、自殺してしまうか、どちらかなのです。

では、どうしたら孤独と挫折から人間は脱出できるでしょうか。それは他者との本当の交わりに入ることによってです。人との交わりというのは、人為的にわざとらしく作り出した交わりでは駄目なのです。わざとらしく作り出した交際というのは、たとえば、権力とか金で人を集めるとか、あるいは、媚びへつらって他者に近づくとか、才能や力をひけらかし合うような交際とか、自分を飾り立てた人々の集まるサロンとかです。

いつも人目を意識して、自分を格好よく見せようとしているような交際は全部だめです。弱点をさらけ出したありのままの自分、そういう自分が同じくありのままの裸の他者と交わるのでなければ、本当の付き合いというのは成立しません。そうしなければ孤独を脱出することはできません。だから、孤独の脱出というのは大変なことなのです。ただ、金や教養や若さの魅力で人を自分のまわりに集めるというようなことでは、孤独の脱出はできません。自分が本当の自分をさらけ出して生きるということは、すごく勇気のいることなのです。しかし、そうしなければ人間は孤独を脱出できません。

さて、日本には、妙好人《みょうこうにん》と呼ばれる人々が生まれる伝統があります。妙好人とはどんな人か。以前よりは知られるようになりましたが、おそらくこの言葉の中身を知っている人は少ないかもしれません。わかりやすく言えば、ヨーロッパで「聖人」と言われている人々、それが日本では「妙好人」です。この人たちは浄土真宗からたくさん出ています。浄土真宗の妙好人の中から、今日は「因幡《いなば》の源左」という人の話をします。

「妙好」とはどういう意味かというと、「たえなること」です。仏さまのいる極楽には蓮華の花が咲いています。その台《うてな》の上で、仏さまになった人が安らいでいる。白い蓮華の花はとても美しいですね。妙好人とは、その白蓮華のように麗しい人という意味です。その白蓮華はサンスクリット語で「フンダリケ」というのですが、中国に仏教が入ったときに、当て字で中国人が「分陀利華」と書きました。それは白蓮華のことなのです。

かれらは浄土真宗で篤い信仰を持った在家の人です。在家の人とは、仏教では出家と在家があって、出家というのはお坊さん、在家というのは、私たちのように普通の家に住んで結婚して子供を育てたりしている俗人のことです。キリスト教でも同じですね。神父さんとか修道女さんとか、そういう人に対して、普通の生活をしている人を俗人といいます。

その在家の人のなかで、白蓮華のように麗しい人を妙好人と呼ぶのです。多くは田舎の無学な人です。今日話す源左は字も読めなかったと言われています。この人は天保一三（一八四二）年生まれだから、今から一六〇年ぐらい前に生まれた人で、明治維新を経て昭和五（一九三〇）年まで生きて、八九歳で亡くなりました。因幡の国とは鳥取県のあたりです。そこで生まれて、そこで暮らして、そこで死んだ百姓、それが「因幡の源左」です。

この人が一八歳の時に、お父さんが急死したのです。どういうふうに死んだかというと、朝一緒に草刈りに出かけたのです。そしたら、午後に、お父さんが気分が悪いといって一緒に家に帰ったのですが、その夕方、お父さんは果無《はかな》くなった。死ぬ時に、「おらが死んだら、親様《おやさま》に頼め」とただ一言言って果てました。

源左は人の命の儚《はかな》さに衝撃を受けて、「親様とはいったい誰のことなんだろう、いったい親様はどこにいるのか」、そういう悩みの中で明け暮れる苦悶の時を過ごしたらしい。死ぬとはどういうことなんだ。生きるとはどういうことなんだ。親様とは誰のことなんだ。

それで、源左はあちこちの村々のお寺に通って法話を聞いてまわりました。法話とは、キリスト教でいう説教のことです。キリスト教では、教会で神父さんが説教するでしょう。お寺では、お坊さんが法話をします。「法」というのは「のり」と言う意味ですが、宇宙を支配している仏様の真理のことです。仏教では真理を「法」というのです。その「法」の話だから「法話」です。それだけでは足りなくて本山まで出かけていって、本山は関西方面では京都の西本願寺ですが、一所懸命「親様とは誰なのか」を聞いてまわりました。でも分かりませんでした。

三〇歳の頃に、ある日、突然闇が消えたと言うのです。朝早く、牛を追って裏山に登って草を刈っていた。この源左という人はたいへんな働き者で、毎日、午前二時頃起きて勤行する。勤行というのはキリスト教でもあります。修道士や修道女の方々は朝早く起きてお祈りをします。仏教でも勤行があって、仏壇の前でお経を読むのです。昔は年寄りはみな、朝起きると仏壇の前で勤行する習慣がありました。

源左は、まずお経を読んでから草履を綯《な》い、それから牛を連れて裏山に登って、暗いうちから草刈りをして、それから朝飯を食べたというのです。ある時、草刈りを終えて、牛の背に右と左に一把ずつ、刈った草をのせた。自分も一把負おうと思ったのですが、重くて負えなかった。それで、それを牛の背にのせた。その時、閃くものがあったという。何が閃いたのか。

それは他力ということです。他力とはどういうことか。人間には背負いきれない業《ごう》の科《とが》がある。仏教ではそういうふうに言うのです。業というのは人間の行為のこと、人間がすることです。悪業とか言うでしょう。人殺しとか嘘とか裏切りとか。その悪業です。人間には背負いきれない業の科がある。それを阿弥陀様が背負ってくださる。

ついでにいうと、「南無阿弥陀仏」とは何を言っているのか。「南無」というのは、あなたに帰依します、あなたを信じます、あなたに従います、という意味。だから「南無阿弥陀仏」というのは、「阿弥陀様、あなたに帰依しますからどうか助けてください」ということです。キリスト教徒は「天にましますわれらの父よ。われらを悪より救い給え」と祈るでしょう。「天のお父さん、悪から救ってください。お願いします」。「南無阿弥陀仏」は「阿弥陀様、救ってください。お願いします」。同じ祈りです。

草を刈ったのは源左ですが、その刈った草というのは源左の業です。その業を、源左は背負いきれない。それを牛が背負ってくれた。牛のことを、因幡の方言で「デン」というらしい。

「デンがふいと分からせてくれた」と源左は言う。牛が阿弥陀様の象徴なのです。自分が背負いきれない草の大きな束を牛が背負ってくれた。自分が背負いきれない自分の業を阿弥陀様が背負ってくださる。それで源左は、「珍しいことだ、凡夫が仏になるとは」と言うのです。この凡夫とはいったいなにものか。この「凡夫が仏になる」という言葉で、浄土真宗の教えは尽きているといってもいいのです。

　凡夫というのは、要するに凡人という意味です。凡人とは、煩悩具足、罪悪深重、十悪五逆の存在なのです。十悪五逆というのは、仏教の教えでは、人間には十の悪行と五つの大逆罪があって、人間はそういうものに取り憑かれているということです。それを全部挙げるのはたいへんですが、たとえば殺生、盗み、邪淫――現代の言葉でいうと不倫、それから妄語、妄語というのは嘘、悪口、貪欲、瞋恚《しんい》――瞋恚というのは怒り、そういうものがずらずらずらと並んで十五ある。それが煩悩具足の人間。それらが身の中で蠢《うごめ》いている罪悪深重の人間が凡夫です。

　ここで間違えてはならないことは、凡夫とは他人のことを言っているのではなくて、自分のことを言っているということです。どんな人間よりも自分が罪深い人間だという自覚、これが凡夫の自覚です。こんな者は地獄に落ちるほかはないのだ。これを、「地獄は一定住処ぞかし」というのです。これは親鸞聖人の言葉です。『歎異抄』という、親鸞聖人の言葉を弟子が書き留めた本の中にあります。どうもがいても地獄に落ちるほかはない、私はそういう人間だ。この自覚が、「地獄は一定住処ぞかし」です。

では、地獄とはいったいどこにあるのでしょう。古代ギリシア人は、地獄は大地の底にあると思っていました。大地の底というのはギリシア語で「タルタロス」と言います。タルタロスには、独裁者が——まあ、人間の中で一番悪い奴は独裁者だとプラトンが言っているのですが——投げ込まれている。そこで独裁者は、櫛のように逆さまに剣が立ったところで生肉を引き裂かれるように引きずり廻されるという。そんなふうにプラトンは地獄の描写をしています。ダンテの描く地獄も大地の真ん中にあります。中世のキリスト教はギリシア人の神話をそのまま取り入れたのです。仏教でもすごく恐ろしい描写がありますが、地獄は大地の底にあると考えていたのでしょうね。

しかし私は、もしかしたら、今、ここに、この地球の上に地獄があるのではないかと思うことがあります。地獄とは、われわれが今生きているこの世界なんだと。毎日のように、親殺しとか、子殺しなどが報じられています。自分が生んだ赤ん坊を殺してしまう。怒りと怨恨に駆られて、見ず知らずの人を殺す。それから、夫婦の不和、家庭内暴力、虐待、いじめ、オレオレ詐欺、贈収賄、虚言、裏切り。さらに、戦争、搾取、テロ、復讐、結婚式に集まった人々を殺して誤爆だなどと言って恥じない冷え切った人間性、金儲けをした罪滅ぼしにたくさん税金を払わなければならない大金持ちが、税金逃れのためにあらゆる法網のすり抜けをする、これが地獄ではないのか、どうでしょう。

私たちは地獄の中にいるのではないか。凡夫と地獄とは一つの存在ではないのか。凡夫の自覚、これは他人のことではなくて、誰よりも自分が凡夫であるという、そのことの自覚です。自分がこの世でもっとも悪人であるという自覚です。「人間はすべて罪人だけど、誰よりも自分が最悪の罪人である」という思想は、西洋ではドストエフスキーやレヴィナスが語っていますが、親鸞も、そしてその末裔である源左も同じことを言っているのです。

さて、自分がどうしようもない罪人であるという自覚が徹底すると、転倒が起こると源左が言います。私が解釈して言っているのではありません。この転倒という言葉は、西洋語では、たとえばラテン語で“conversio”と言い、ふつう「回心」と訳されますが、そもそも転倒とはどういうことでしょうか。

私たちは自己主張したり、怒ったり、他人と争ったり、果ては他人を断罪したりします。それはどうしてかというと、自分の方が上だと考えるからです。自分の方が正しいと考えるからです。そう思っている人間を新約聖書は「パリサイ人」というのです。「パリサイ人」というのは、イエスが一番嫌った人たちですが、すごい努力家で、たいへんな真面目人間なのです。パリサイ人とは自分の力で、というのは自力で自分を正当化しようとする人たちです。自分を非の打ち所のない人間にしようと努力する人のことをパリサイ人というのです。

ところが、自分の弱さ、愚かさが分かると、主張する自分がなくなります。すべての人は自分の上にある。そういうことが分かると、凡夫は慚愧《ざんき》の中へ沈むほかはなくなります。その時に世界が転倒するのです。その時に世界はひっくり返る。それは、自分が受けるどんな苦痛も、当然受けるべき呵責《かしゃく》であると考えるようになるということです。どんな嘲りも憎しみも加害も、最悪の凡夫である自分にはふさわしい出来事である、そういう考えになるということです。

ここで、少し思いきったことを言うと、新約聖書の中にイエスの言葉として、「一方の頬を打たれたら他方の頬を出しなさい」という言葉がありますね。あるいは、「上着を取られたら下着も出しなさい」という言葉もあります。そんなとんでもないこと出来るかと、おそらく普通の人は思います。よほど偉い人が、寛大にも、右の頬を打たれたら、相手は乱暴な奴だから別に争ってもしようがないから我慢してやれと、怒らないで左の頬も出すかもしれない。これは、そういう偉い人の寛大な行為だと理解する人がいるかもしれません。しかし、そういうふうに考えると、どうもなんかわざとらしい裏返しの高慢な行為だなという感じがしなくもない。そんな行為は偽善者のやり方じゃないか。

私は源左のことをいろいろ調べているうちに、あっ、そうかと気づいたことがあります。イエスのこの教えは、もしかしたら、そういう偉い人が、寛大にも、人に侮辱されても我慢してやるとか、そういう意味ではないかもしれない、と。多分そういう意味ではないだろう、ということです。そうではなくて、自分はそうされて当然の人間だ、右の頬を打たれたら左の頬も打たれて当然の人間だ、上着を取られたら下着も取られて当然の人間なのだと自覚することではないか。なぜなら、自分は根っからの悪人だから。最悪人間だから。正当化すべき自分なんかないんだ。そういう自覚に到達すれば、右の頬を打たれたら左の頬を打たれても当たり前だと思うほかはない。

極端な話ですね。私はどうもそういう意味ではないかと思いついたわけです。それで、レヴィナスは「私は他者の人質だ」と言う。人質というのは最悪の奴隷です。自分の自由がなくて、人に顎で使われて、人の言いなりになる。いつでも人に仕えるだけの人間です。「いつでも人に仕える」ということを、決定的にいうと「私は他者の人質だ」という表現になる。これは、今言った世界が転倒するという体験においてはじめて言えることでしょう。

源左の顔には、いつも和やかさが浮かんでいたそうです。源左はけっして腹を立てたことがないと言われています。いつも人に不思議がられたらしい。人に侮辱されても騙されても、絶対怒らなかったというのです。恨みとか怒りとか憎しみとかというものは、自分が相手より正しいと思っているから起こる。自分が相手より正しいと思っているから、相手を断罪しようという気が起きる。だけど、自分は煩悩具足の凡夫だ、自分はいつも人に我慢してもらっている悪者だ、そういう自分を発見すると、そういうことが分かると世界がひっくり返る。もう怒る資格のない人間だと、自分が分かる。

凡夫であるという自覚は、自分の無力さを思い知らされた時に分かるのですが、先ほど言ったように、南無阿弥陀仏という言葉はこの無力さの自覚を表現しているのです。「もうどうすることも出来ません、助けてください、阿弥陀さま」。これが南無阿弥陀仏の意味です。しかし、その凡夫の自覚というのは、実は、自分で分かるのではないのです。その点が大事です。

源左の場合はどうだったのか。いろいろな話では、牛がふいと分からせてくれたというのですが、それは一つの象徴的な出来事で、牛だけの話ではないでしょう。人生いろいろあったでしょう。誰がそれを分からせてくれたのか。それは人によっていろいろでしょうから、「これだ」とは言えません。ただ自分の力で分かるのではない。今、自分を苦しめている人が分からせてくれるのか。自分が敵だと思っている人が分からせてくれるのか。偶然に出会った厄介な人か。こんな人と付き合いたくないと思うような人が分からせてくれるのか。それとも、自分が昔、酷い目に遭わせた人か。そういう人はもう死んでしまっている場合もある、そういう人に対する償いようのない悔恨の思い出が分からせてくれるのか。

しかし、とにかく、自分で分かるのではない。何か自分を超えたものが分からせてくれる。そこで、地獄落ちだと知らされたその時が、浄土に迎えられる刹那だと浄土真宗では言うのです。先ほど話した「転倒」が、浄土に迎えられる刹那です。落ちるときが救いの時です。それはキリスト教的に言うと、罪の自覚が神に出会う時ということです。

　罪を自覚した時が神に出会う時です。だから、罪の自覚がない人は神に出会えない。なぜ、パリサイ人があんなに否定されたかというと、パリサイ人には本当の意味での罪の自覚が無いからです。自分は正しい人間だと思っている。そういう人間は神に出会うことができないのです。だから仏教では、自分に頼れば阿弥陀さまは現れないという。キリスト教では、新約聖書の中でイエスが何と言っているかというと、神は学者や知者には姿を見せないけれども、子供には姿をあらわす、と。子供というのは当時の社会では、ただ単に無邪気な人という意味ではなくて、役に立たないだめな人間をも意味しているのです。だから、神は子供の前に己を現すというのは、役に立たないだめな人間に己を現すということなのです。

　ある男が源左にこう言ったそうです。「あんたは極楽行きだけど、わしゃ地獄行きだ」。そしたら、源左が答えた。「地獄行きなら、それでええだ。あんたが極楽行きなら、阿弥陀さんはすることがないけのう」。あんたが極楽行きだったら阿弥陀さまはすることがないじゃないか。「地獄行きをみな助ける、と親さんはいっておられる」。地獄行きの人間をみな助ける。これを悪人正機の説というのです。親鸞という人は極端な逆説をいう人で、善人が救われるんだったら、悪人はますます救われるはずだと言うのです。

　私は以前に『歎異抄』の演習をしたことがありますが、これはあまり極端で、とてもついていけないと学生たちは言っていました。しかし実は、イエスも同じことを言っているのです。「私は義人を呼ぶために来たのではなくて、罪人を呼ぶためにきたのだ」、と。これは、今の親鸞聖人の言葉と同じことです。だから、自分の力ではどうにもならないと分かった時に救いが起こる。資格があって救われるのではない。自分が立派な人間で、立派なことをしたから救われるのではなくて、「全部タダのタダ」。源左が「全部タダのタダ」と言っているのです。

パウロも同じことを言っています。われわれは善人だから救われるのではなくて、われわれが悪人であったときに、神がわれわれを無償で愛してくださったから、われわれでも救われるのだ、われわれが立派なことをしたから救われるわけではない、と。これは、今の源左の「全部タダのタダ」と同じ思想です。

もう少し分かりやすく言い直すと、人は自力で自分の人生を確立しようとすれば、言い換えれば、誰にも頼らずに自分一人の力で自分の生を安全にしようと思うと、そういう努力をする人はノイローゼになって自滅するということです。絶えず危険に対して身構えて、あらゆる攻撃から身を守ろうとするときに、絶対自分は負けないという保証を自分で確立するためには無際限の努力が必要になる。その緊張によって人はノイローゼになるのです。そして、いつも自己防衛的になり、そのために過剰に攻撃的になり、病的に不安な人間になります。

これは、自分の経験でよく分かる。私は若い頃、信仰が嫌になって、もう信仰を捨てようかと思いました。教会の律法主義など初めから下らないと思っていましたが、それよりも、人間の一挙手一投足を絶えず見張っている裁く神という観念が耐えがたかった。それで、一〇年くらい教会からも離れて、自力でやろうと思いました。無神論的実存主義の哲学者サルトルの思想を頼りにして、自力で、誰にも頼らず、虚無に面座して、ニヒリストとして生きようとしたのです。

その一〇年間の苦闘の間、私はどういう人間であったかというと、いま話したように、緊張のために無際限の努力をして、過剰に攻撃的で、いつも不安で、傲慢であると同時に小心で、手におえない人間だったのです。パウロもそういうノイローゼ気質の人間です。パウロという人も最初は自力人間で、律法というもので自分を立派な人間に仕立て上げて、それで神様に文句を言われないようにしようと思っていたのです。その自力の努力の果てに、パウロは崩壊しました。自己崩壊して、パウロの回心ということが起こった。

人に後ろ指を指されないような完全な人生を作り上げようというのは、意味のない幻想です。そういう人生がありうるとしたら、それは滑稽な、もしくは暖かい心を失った機械人形の人生です。パウロはそういう人間になろうと努力した末に自己崩壊した人です。その時に転倒が起こる。回心が起こる。それは何かというと、自力を放棄するということです。自分を捨てるということです。大きなものに包まれて、大きなものに支えられて、そして、その大きなものはどこまでも優しいと思い定める。浄土教では信心決定《けつじょう》と言います。そのとき、人は安らかに生きられるでしょう。

先ほど、親鸞聖人が、善人でさえ救われるのに、悪人が救われないはずがないと言ったことを話しました。どうしてそんな非常識なことが言えるのか。阿弥陀さまは、あらゆる人が救われなければ私は成仏しないという誓いを立てられた方なのです。弥陀の本願といいます。他力本願という言葉は、今では悪い意味で日常語になっていますが、もとは浄土真宗の信仰からきています。

本願とは何のことかというと、阿弥陀様の前身である法蔵菩薩が、修行の間に衆生救済のために立てた四八の願のことです。その中の第一八番目の願が、「世の中のすべての人が救われなければ私も仏にならない」というものでした。そして、法蔵菩薩はおそるべき長年月の修行の末に、この願を成就してすでに阿弥陀仏になられている。つまり第一八願は、すでに成就しているのです。だから、すべての人は救われるに決まっているのです。なんという暖かい信仰でしょうか。

宮沢賢治もだいたい似たようなことを言っています。今ではだれでも知っていますが、「世界中の人が幸福にならないうちは、私は幸福になれない」と言ったのです。宮沢賢治の童話にはそういうことが書いてあります。その、私たちを救ってくださる方は、浄土真宗でいえば阿弥陀さま、親様。キリスト教でいえば父なる神。哲学でいえば絶対者、万物の存在根拠。私たちを存在させている力、それがそういう方なのです。まったく、善意そのものの方です。こういうことを信ずることが出来た時に、人間には安らかさが生まれるでしょう。

そこで、少し具体的な話をしようと思いますが、「人中の白蓮華」という言葉をご存知でしょうか。泥沼のような人生の中にあって、白い蓮華のように美しい人間ということです。その美しさを例示する話を七つばかり拾ってみました。

まず、「ヤネ牛の話」というのは、こうです。ヤネ牛とは鳥取県や島根県のあたりの方言で、暴れ牛のことです。暴れ牛とは、畑仕事が嫌いで、角で人を突いたりして暴れまわる牛です。そういう牛はみんなが持てあますわけです。牛はおとなしくて、畑仕事をすべきものですから。そういう牛がいると、皆、源左のところに連れて来るのだそうです。

そうすると源左は、二日でも三日でも好きなようにさせておく。暴れ牛は畑仕事をしないで、勝手に暴れまわっている。源左は、勝手に暴れまわらせておく。しかし夜になると、牛小屋で夕食を食べさせて、食べさせながら牛の身体を撫でて法話をするというのです。牛に法話をするのだそうです。法話とは、さっき言ったように、仏様の話です。牛の背中を撫でながら仏様の話をする。四、五日すると牛は大人しくなり、働くようになって帰っていったというのです。

こんな話、信じられるでしょうか。しかし、源左についての本にそう書いてあるのです。
大乗仏教では、仏《ぶつ》において自と他が融合すると言います。自他不二の世界という。自分と他人は違う存在ですが、仏様においては一つのものだという。仏様においては自我の枠が外れて、自分と他者の区別が消えるというのです。この場合、多分、牛と源左が一体化したのでしょう。

次は「芋の話」。源左が母親から、「芋を掘ってきておくれ」と頼まれたそうです。ところが源左が畑に行くと、誰かが芋を掘っていた。源左の畑の芋を、です。そこで、源左は芋を掘らずに家に帰って来た。母親が「どうしたんだ」と尋ねたら、「今日は、おらげの掘らん番でのう」と言ったというのです。「きょうは私が掘る番ではない」。

三番目は「柿の木の話」。源左の家には大きな柿の木があって、おいしい柿がたくさん実ります。それで、やたらに他人が勝手に柿を取っていく。あんまり柿が盗まれるので、源左の息子の竹蔵というのが、その柿の木に登れないように茨を括りつけた。そしたら源左が、「他所の子に怪我をさしたら、どがあすんだ」と言って、茨を外して梯子を掛けたというのです。しばらくして竹蔵が「もう、外しましょうよ」と父親に言ったそうです。すると源左は、「そのままにしとけや。他人がなんぼ取っても、やっぱり家の者が余計食うだに」。

四番目は「盗み草」。誰かが源左の畑で草を盗んでいた。草というのは大事です。馬とか牛の飼料ですから。その草を盗んでいたのです。ところが折悪しく、源左がそこに来た。泥棒は逃げるに逃げられず、そのままそこにいた。そこで、もし源左が「泥棒」とかって怒鳴れば、多分逃げたんだと思います。だけど逃げるに逃げられず、そのままそこにいた。そのときに源左は、「ここもええけど、そっちのええとこ刈んなはれ」と言ったのだそうです。同種の話に、夜中に源左の畑から芋を盗む人がいた。もちろん、それは盗まれたあとで分かったのです。すると源左は、手でも怪我したらたいへんだって、その畑にわざわざ鍬《くわ》を置いておいたそうです。

五番目は「田圃の草取りの話」。ある時、女が田圃で草を取っていた。そのとき畦で赤ん坊が泣き声を上げていた。そこを通りかかった源左が、その女に「早う乳を飲ませてやんなはれ」。そしたら女が、「そうだけど、今日わたしは、ここだけは草をむしらなきゃならない」。「じゃ、代わりに、おらが草をむしるから、お前はおっぱいやりなさい」。そこまで言われて、女は「それなら」といって赤ん坊を連れて家に帰ったそうです。

夕暮れになっても源左が帰って来ない。家の者が心配してあちこち探したら、その女の田圃で草をむしってるわけです。頼まれた分だけしてるんじゃなくて、夕暮れまでずっとむしりつづけていたわけです。そこで、家の者が「お爺さん、人の田圃の草まで取らんでもええがな」。源左が何て言ったかっていうと、「そんな気の小さいことをいわんでもええ。仏さんのお心の中には、自分のもの人のものの区別はないんだけ」。これはすごいですね。自分のもの、人のものの区別がないのです。源左はそういう気持で生きているのです。

六番目の「追肥の話」も同じ心を表しています。追肥というのは、たとえば、麦を植えてしばらく経ってから、もう一遍肥料をやるのを追肥というのです。一回やっただけでは麦はしっかり育たない。だから、後で二回とか三回とか、さらに肥料をやる。それを追肥という。そうやって麦とか稲とかが育つのです。

さて源左が、自分の畑の麦に追肥をやろうと肥桶をかついで出てきたのです。昔の肥料というのは、今のような化学肥料ではなく人糞です。田圃の中にそういうものを貯めておくところがありました。今そういうものはないでしょうね。私は東京で生まれ育った人間ですが、太平洋戦争の真っ最中に田舎に疎開しましたから、そういうことをわりに知っています。

それで、源左は追肥をやろうと思って出かけたわけです。そしたら、道すがら人の畑の麦がとてもやせ細ってるのを見て、「どれ、こっちが先だがやあ」と言って、自分が一所懸命担いできた肥料を人のやせ細った麦に全部やって帰ってしまったそうです。

七番目は「田圃の穴の話」。誰かが思いがけない所で源左を見つけたそうです。「源左、こんな所で何してる」。源左が言うには、道を歩いていたら田圃に大きな穴があいていた。見て見ぬふりをして一歩先に出た。そしたら声がした。「源左、源左」。「源左が止めにゃ、この田圃は干上がってしまうぞ」。どこからそんな声がしたんでしょう。天からそんな声がしたのか、あるいは源左の心の中からそんな声がしたのか。まあ、知らん顔してちょっと一歩出たらしい。

そしたら、その声が源左を引き留めた。そこで、また後戻りして穴をふさいでいたという話。人の田圃です。自分の田圃ではありません。

まあ、具体的な話はこのくらいにしておきますが、『因幡の源左』（柳宗悦）という本があって、その中にこういう話が二九八も集められています。キリスト教的にいえば、「聖人に己なし」といわれますが、「妙好人に己なし」といってもよいでしょう。

ところで、己がないと、己ならざるはなしです。己がないということは、すべてのものが己であるということです。だから、もう自他の分別、自分と他人の区別がなくなります。その自他の分別を超えたところで仏が働く。仏様が働いている。浄土教では利他行と言いますが、それは他人を利する行ないで、利己主義の反対です。しかし、その利他行というのは、実は仏様とか親様の働きなのです。

親様というこの表現が、私はおもしろいと思う。というのは、イエスが神様のことを親様と言ったのです。聖書に「アッバ」と書いてあります。「アッバ」というのは、イエスの話していたアラム語で「おとうちゃん」という意味なんだそうです。おもうさまとかお父様とかパパ様とか、そういう上品な言葉じゃなくてね、家庭内で泥まみれの幼児が父親に呼びかける時の「おとうちゃん」。「神よ」なんて身に沁みない表現は使わない。これが、浄土真宗の親様と同じなんです。その親様の知恵と慈悲心とを受けると、凡夫の私たちでも、煩悩具足、罪悪深重の私たちでも、己なしの行為をすることがありうるのだということです。

源左はよく法話をせがまれたそうです。その時に、こう言ったというのです。「おらが言ってると思ってくださんな」。「仏様から、源左こう言えと言われて、言ってるがやぁ」。だけど、かれはお坊さんにはこう言ったらしい。お坊さんが法話をしに何処かに行くわけです。その時に、お坊さんが源左の所を訪ねて、こんな話ではどうだろうかとか、指針を求めたらしい。源左の返事は「格好いいことを言おうと思いなさんな」。ただそれだけだったそうです。

源左は平生、聴聞が大切だ、聴聞が大切だと言っていました。聴聞とは、「きく」という漢字を二つ重ねます。だから、法話を聴くことが大事だと言っていたのです。だけど、聴聞して自分が何か分かったとか言ったらだめだとも言っていた。そういうことを厳に戒めていた。「タダのタダになるまで聞け」と。「タダのタダになるまで聞け」とは、私の理解では「頭が空になるまで聞け」ということでしょう。自分の考えが何にもなくなる境地です。それはどういうことでしょうか。ここからが今日の話のみそです。

源左の口癖は、「ようこそ、ようこそ」です。「ようこそ」という言葉は今でも使います。お客さんが来た時、「ようこそいらっしゃいました」と言うでしょう。「ようこそ」というのは、歓迎の意味で使う言葉です。英語で言ったら「Welcome」。人が来た時「Welcome」。「ようこそ」というのは「あなたを歓迎します」という意味ですが、何事がやってきてもすべてOKだという意味なのです。この自分の浅ましさも、醜さも。これは自分のものではなくて、親様から戴いたものなのです。

源左は見知らぬ他人の荷物を背負うことが大好きだったといわれています。人が重い荷物を持って歩いていたり、峠の上り坂で荷物を持っていたり、子供連れの婦人が重い荷物を持って歩いていたりすると、源左は近寄っていって、「ちっくり」――「ちょっと」という意味――「ちっくり、荷物を持たしてつかんせ」と言ったらしい。「ちょっと荷物を持たせてください」。

この源左の行為には、たぶん三つの意味があるのではないかと、先ほど挙げた柳宗悦は言っています。一つは、少しでも人助けをしたい。これはまあ、当たり前です。人の荷物を持ってあげる。少しでも人助けをしたい。二つ目は、重い荷物を背負うことで、阿弥陀様が源左の業を背負ってくださる、その阿弥陀様のお慈悲を少しでも強く思いたいという気持です。源左が信心を戴いたのも、牛が草を背負ってくれた刹那だった。

ちなみに、源左は田圃の草を取り始めると、草を全部取り切るまで一度も腰を伸ばさなかったそうです。普通は、途中で腰を伸ばして休んでは、またやるでしょう。ところが、源左はそういうことをしなかった。そのため、七〇歳くらいで腰が直角に曲がってしまったそうです。お寺のお坊さんが、「ほんとにそんな腰の曲がった身体で草を取るのもたいへんだね」とねぎらいの言葉を言ったら、源左は「おらあ、草取りに都合のいい身体にできている」と言ったそうです。

さっきの重い荷物の話に戻りますが、見知らぬ人に重い荷物を持たせてくれと言うのだから、やはり不気味に思う人もいるでしょう。この人、もしかしたら追剝ぎじゃないかって。なぜなら、全然見知らぬ人に「あんたの荷物を持たせてください」と言われれば、やはり気味悪がってだれでも用心するのが普通です。「荷物はけっして手離すな」。外国でだまされないための第一条です。

だから、断られることもあったのです。しばしばあったらしい。が、断らない人もいた。断らない人には荷物を持ちながら法話をした。ずーっと一緒に歩きながら、その間、法話が出来る。仏様の話が出来る。断られれば、盗人と疑われた自分の浅ましさがよく自覚できる。これが第三の意味です。もともと、自分は盗人だと思われて当然の顔をしていると、源左は日頃言っていたらしい。自分は泥棒みたいな顔している、鬼みたいな顔している、と。

源左は死に際に息子の嫁にこう言ったそうです。「おらあ、こんなにうるさいけ」、「あねえ」――お嫁さんのことです――「川に流しゃええがな」。川にね、ほっぽり出してくれって。そしたら、この嫁さんが面白いんですね。「犬や猫を投げたって汚いに、お爺さんを川に流しゃ、人が嫌うわいな」と言ったらしい。それに対して、源左は「ほんにそうだ。人の嫌うことはならん。おらあ誰よりもよだきいけなあ」。「よだきい」というのは、因幡の方言で「汚い」という意味。「おらあ誰よりも汚い」。

源左についてもう少し具体的な話をすると、源左は生涯に二回火事にあったらしい。一回は自分が火元だったそうです。それで、調べに来た警官が、慰めるつもりだったのでしょうが、「災難だったな」と源左に言ったそうです。なにしろ火事になって丸焼けになったのですから。そしたら、源左が「南無阿弥陀仏。ありがとうござんす」と言ったのです。それで警官がびっくりして、「丸焼けになって何がありがとうござんすだ」。源左が言うには、「これで前世の借銭を返させてもらい、重い荷を軽くさせてもらいました」と。

源左はいつもこう言ってたという。「人を助けよう、助けようと思うけ、助けられるわが身を忘れるだいなあ。われにええのがあっちゃならんけのう」。どういう意味かというと、「人を助けよう、助けよう。人にいいことしてあげよう」と思っていると、「自分が助けられている、自分が人のお陰で生きている」ということを忘れるのだ。自分が善い人間だと思ってはだめなのだ、ということです。自分はいつも正真正銘、最悪人間だという自覚がなければだめなのです。結論に入ります。

かつて、源左は信心を得ると、一つ、変わることがあると言ったそうです。「この世のすべてのことが本当になる」。「本当になる」とはどういうことか。この世のすべてのことはＯＫだ、この世のすべてのことは肯定されるということです。肯定されるとは、何かいいことが起こるという意味ではありません。そこが大事です。源左は人を信じるので、生涯、何度も人に騙されたそうです。人に騙されて、山や田圃を失ったらしい。しかし、そうやって人に騙されて財産を奪われても、いつでも「ようこそ、ようこそ」と言ってたらしい。

源左という人は、自分をこう言っていたそうです。「わしゃあね、人の心を食ってる極悪人だ」。源左はすごく人の心がよく見える人だったらしい。恐ろしいくらい、人の心が見える人だったらしい。それを苦にして「わしは極悪人だ」と言ってたらしいのです。だから、もしかしたら、源左は相手の心が見えながら騙されていたのではないかと私は思う。どうしてそんなことができるのか。それは、自分を捨てた源左にはもう否定の言葉がないからでしょう。どんな時でも、どんな事でもＯＫです。

ところで、源左も死の床にいたのですが、源左の親友で同じぐらいの年の死にそうな友だちがいて、そこから使いが来て、最後に何か慰めの言葉がほしい、なんとか自分が浄土に行けるような安心の言葉がほしい、と言ってきました。源左はどう答えたか。「今さら詳しいことは知らんでええ」。「親さんはお前を助けにかかっておられるだけ」。「断りがたたんことにしてもらっておるだけだいのう」。親さんは、お前を助けたくて助けたくてしょうがないんだから、断れないんだと思やあいいんだと言うのです。

　断りがたたない。「こっちは持ち前のとおり死んでゆきさえすりゃあ、いいだいのう」。このまま死んでゆきさえすれば、阿弥陀様のところです。「こっちは」というのは「私の方は」という意味です。「持ち前のとおり」というのは「ありのまま、今、自分のありのままの姿で」という意味です。いいですね。私はすごくいいと思っています。

　これは大事なことだからもう一度繰り返しますが、死にそうな人が、ものすごい不安にかられて、もしかして地獄に落ちるんじゃないかと心配して、なんとか源左に助けてもらいたいと安心の言葉を頼んだ――昔の人は、死ぬ間際に念仏を唱えそこなって地獄に落ちることを、とても心配したのです。それだから、臨終の時に、正しい信心をもてるかどうかが大問題でした。こういう心配に対して親鸞上人は、そんなことはどうでもよい、罪業を犯しながら念仏を唱えずに死んでも救われると言いました（『歎異抄』第一四条）。本当の信仰は、人間の業とは関係がないということです。

　だから、源左はこう言ったのです。今さら詳しいことは知らんでええ。何か立派な知恵とか理屈とかは知らなくていいのだ。何も知らなくていいのだ。親さんは、親さんというのは仏様のこと、キリスト教的にいえば神様のこと、哲学的に言えば、私たちを存在させている存在根拠のこと、私たちの存在の根源のこと、その親さんがお前を助けにかかっておられるのだ。仏様はお前を助けよう、助けようとそれだけだ。だから、断りがたたんことにしておけって。これいいですね。

相手が一所懸命に助けよう、助けようとしているのだから、お断りしますっていう必要がないじゃないか。助けてもらえばいいのだ。ありのまま死んでいきさえすれば、そのまま親さんのもとに往生するのだ。自分を存在させたその根源の力のところに戻って行く。持ち前のとおりというのは、ありのままということ。ありのままとは、この罪悪深重、煩悩具足の阿呆な自分のままで死んでゆきさえすればいいのだということです。

なぜ、こんなに美しい人生があり得るのでしょうか。それは自分がないからです。自分がないからというのは、もう一つ言い換えると、自分が世界で一番性悪な人間だという自覚があるからということです。自分というものを本当に棄ててしまうと、そこに、自分の代わりに阿弥陀様の光が差し込んできて、阿弥陀様が働くのです。パウロも同じことを言っています。パウロも、肉の私は死んでしまって、私の中で働いてるのはキリスト様だと言っている。源左の言ってることと同じことです。大きなものの中に自分を投げ入れて、自分を棄てて、すべて自分を委ねているから安心していられるのです。なにが起きても平気です。

だから、希望というのは、自分を棄てることによって生まれるのです。自分にしがみついていると希望は生まれてこない。何でも自力でやろうとすると、不安にいつも追いかけられる。

地震でも津波でも火事でも病気でも貧乏でも死でさえも、すべてOKです。それはどうしてか。そういうものも全部、大きなものからの贈り物なのです。自分が、自分がと、こせこせする必要はない。欲張らなくてもよい。逆に、苦しまなくてもよい。痛くても苦しくてもひもじくても、全部それは大きなものからの贈り物です。

出来事が送られてくる。それをそのまま受け入れる。イエスは山上の説教で何と言っているか。「なにを食べるか、なにを飲むか、なにを着るかで、毎日くよくよ悩むな」と。空の鳥を見ろ、種を蒔くこともしないし、刈り入れもしないのに、天の父は養ってくださるではないか。野の百合を見ろ、野の百合は栄華を極めたソロモンよりも美しいではないか。

ソロモンという王様がイスラエルにいたのです。あまり立派な人じゃないと私は思っていますが。シバの女王とのロマンスで有名な栄耀栄華を極めた王様です。そのソロモンが栄えて華やかに楽しい人生を送っていた時の、その輝かしさよりも、もっと野の百合は美しく装われているではないか。野の百合は紡ぎもしないのに、自分で機を織って着物を作ったわけでもないのに、あんなに美しいではないか。だから、天の父にすべてを任せて安心して生きなさい。ただ、天の国だけを求めて生きなさいとイエスは言っている。

では、天の国っていったいなんですか。天の国ってどこにあるのでしょうか。ある時、パリサイ人が、イエスに「天の国はいつ来るのですか。神の国はいつ来るのですか」と聞いたのです。神の国と天の国は同じこと。パリサイ人がイエスにそう質問しました。そしたら、イエスはこう答えられた。「神の国は目に見えるようには来ない。ここにある、あそこにあるというものでもない。神の国はお前たちの中にあるのだ」。神の国はどこにあるのですか。宇宙空間の何百億光年のかなたに、十万億土の西方に神の国があると、現代でまさかそんなこと考えている人はいないでしょう。時間空間的な場所ではないとイエスは言っているのです。

それでは、「お前たちの中にある」とはどういうことでしょうか。それは、人と人との交わりの中にあるという意味です。神の国は人と人との交わりの中にある。それは愛の交わりということです。それが永遠の命ということです。この命は、今、ここで現実に存在していますが、この命が本当に愛の交わりの中に入れば、それがそのまま永遠の命になる。それがそのまま天の国になる。その命は死んだあとでも滅びないと信ずれば、それが信仰というものでしょう。

それで、この永遠の生命との関連で、キリスト教は「人間が復活する」と言っています。この「人間が復活する」ということを文字通り「この身体が蘇生する」という意味に理解すると、なんだか訳が分からなくなります。これは大昔からそうでした。パウロがアテネという古代ギリシアの都で説教をしました。そのとき、神の国とかいろんな話をしてから、最後にギリシア人たちに向かって、「死者（死体、nekros）が復活する」と言ったのです。そうしたら、ギリシア人たちは「あっ、もう、その話はまたいずれお聞きしましょう」とか言って、みな帰ってしまいました。そんな話、まともに聞けませんよという意味。

ギリシア人はすごく頭がいいし、教養もあるし、哲学好きだし、死者の復活なんて、そんなこと、とてもじゃないけど正気で聞いていられない。この肉体というものは、本質的に、構造的に、新陳代謝によって存在を維持してゆくものです。飲んで、食べて、排泄して、病気になって、老化してゆく有機体です。

そんなもの、もう一回やり直したって、また死ぬにきまっています。新陳代謝ということが死を含んでいるからです。肉体が細胞の合成体である以上、死なない肉体というのは自己矛盾でしょう。合成体は必ず分解するということです。プラトンの『パイドン』という対話篇には、すでにそういう議論が出てきています。そんな肉体をもう一回やり直したって、なんの意味もないでしょう。肉体というものが本質的に死と結びついているからです。ギリシア人には、そういうことはもう分かっていたのです。

しかし、復活というのは何かそういう事ではないのではないか。多分。よく分からないけど、断定はしませんが。私はどう理解しているかというと、復活とは、要するに死んでも死なないということでしょう。命が肉体ならば、死ねば肉体はバラバラになって土に帰ってしまうわけです。泥になってしまうわけです。何度くり返しても、肉体であれば、そうであらざるをえません。それでも人間は死なないとすれば、何が死なないのか。愛が死なないのです。愛が滅びないのでしょう。

命というのと愛というのは同じことなのです。死んでも死なないというのは、死ぬとは結局、私たちに命を送ってくれたその大本の命のところに帰ることだから、それが永遠の命への帰還ということでしょう。これは、浄土真宗では阿弥陀様に抱かれるということです。

では最後に、愛するとはどういうことでしょうか。愛するとは誰かを大事に思うこと、その人のことを心配することです。だから愛されるというのは、それを逆にすると分かる。この世界の中に、自分を大事に思ってくれる人が少なくとも一人はいるということ、自分のことを心配してくれる人が少なくとも一人はいるということです。それが愛されるということです。

そういう人が世界の中に一人もいなくなった時に、人は絶望して、闇の中に落ちて、死へと吸い込まれてしまうでしょう。自分のことを心配してくれる人が、もし誰一人として本当にいなかったら、人間は闇の中に落ちてしまいます。

だから、大事なことは人に呼びかけることです。人に挨拶すること。そっぽを向かないこと。そういうことを人にしている時に、そういうことができる時に、それは自分がしているのではなくて、自分の中から噴き上げてくる愛の息吹がさせている。そこは、自分と他者との区別が意味を成さなくなる、そういう世界です。

それは、浄土真宗の言葉でいえば、唯一のみ仏の中で、自他不二の世界が現れてくるということです。自分と他人が仏様において一つになる世界、これがみ仏の世界だというのが浄土真宗の世界です。キリスト教でいえば、すべての人が天地万物の創造主である天の父の慈しみの中で一つになる。万物の根源において連帯する。それが天の国、愛の国、希望の国なのです。

4　他者を求める神

伝統的に「神は存在である」と言われています。ご存知のように『出エジプト記』にも、「われは在りて在るものなり」（ラテン語訳では「ego sum qui sum」）という有名な神の自己啓示というのがあります。私たちは「存在」という言葉を聴くと、「存在とは不変不動、不生不滅である」とか、あるいは「超時間的である」とか、あるいは「単一不可分である」とか考えるわけです。だから、神は唯一の永遠不動な超時間的存在である、と。なぜなら、変化すること、あるいは時間的であることの中には非存在が混じっているからです。

非存在が混じっているというのは、時間的であることは変化することだからです。Aなるものが A ではなくなって B になるということが、変化することですが、A ではなくなるということの中に非存在があるわけです。言い換えれば、生まれたり滅びたりすることのうちには非存在が混じっているから、神にはそういうことがないはずなのです。この存在概念は、ギリシアのパルメニデスという哲学者が非常に厳しい論理で考えた結果、確立された存在概念です。

つまり、パルメニデスがヨーロッパの存在論の基礎を確立したわけですが、それをキリスト教の神学がそのまま受け継いだのです。そして、「神は不生不滅、永遠不変、単一同質、超時間的な存在である」という伝統的な神観念が成立し、それがずっとキリスト教の神学において受容されてきたわけです。

これに対して、私たちが生きているこの世界は、たえず変化する生成の世界です。時間的な世界です。流れる世界、今あるものがしばらく経つと無くなる世界、滅びる世界、諸行無常の世界、だから、非存在が混じっている世界です。そこで、神は世界を超越している、神は世界から離れているという考え方がどうしても出て来るわけです。永遠不変の神は、この時間的に変化してゆく非存在の混じった世界を超越していなければならない、神はおのれ自身で、永遠の自己同一の中に安らっていなければならないということになるわけです。

この神観念はまた、古代ギリシア哲学において、アリストテレスが考えたことでもあるのです。アリストテレスによれば、神は純粋精神でなければなりません。なぜなら、質料（物質）はすべて可変的、可滅的、可能的であるからです。したがって、不滅の神は質料を持ってはならない。それゆえ、神は永遠に活動しつづける純粋精神である。しかもこの純粋精神は、ただ自分自身だけを考える純粋精神なのです。なぜ神は自分自身しか考えないのか。それは、自分自身以外のものは非存在の混じった可滅的存在だから、考えるに値しないからなのです。

つまり、可滅的存在を考えれば、自分自身がその可滅性に巻き込まれ、不滅を本質とする存在そのものの資格を失ってしまうからなのです。だから、存在は存在自身のみを考える。それが神の活動である。これが哲学史上有名な「思惟の思惟（noêsis noêseôs）」という思想ですが、アリストテレスが確立し、後にヘーゲルが「絶対精神の自己展開」という形で継承した思想です。それを、そっくりそのままキリスト教の神学が受け継いだ一面があるのです。

以上は、非常にきびしい論理によって確立された、容易にはゆるがしえない「存在」についての理論ですが、私が今日話したいことは、果たしてユダヤ・キリスト教の神とはそういうものかということです。

私はヘブライ語が読めないので正確なことは言えませんが、その方面の専門家の研究（宮本久雄、Hayatologie—Histoire de sa naissance）によると、『出エジプト記』の当該箇所の動詞は「ハーヤー」で、この語の意味は「成る」ということだそうです。すなわち、神の自己啓示は「私は成るものだ」ということです。つまり、神は閉じられた己の世界から脱出してこの生成の世界に到来し、歴史的な出来事を通して他者に出会うために、絶えず他なるものに成るような脱自的存在（l'être extatique）であるというのです。

この神の自発的かつ一方的な自己脱出によって世界が生まれ、人々が呼び集められ、愛の共同体が成立する。神も、そして、もちろん神の似姿である人間も、自己の中に閉じて自足する自同的存在（他者を同化して自己完結する存在）ではなく、常に、永遠に、無限に、他者を求めて自己を超えつづけてゆく「脱自的存在」であるというのです。

　この「ハーヤー理論」は、私が聖書を読みながら純粋に哲学的に考えていた神観念にきわめて近いと思われます。それで、以下においては、私の思考の結果を少し述べてみましょう。ユダヤ・キリスト教の神は、世界を無から創造した神です。これが非常に大事な基本的な点なのです。神が世界を創造したというのは、いったいどういうことなのか、このことを考えたいですね。それは、端的に言えば、宮本氏もそう言っていますが、神が他者を求めたということではないでしょうか。

　神は無から世界を創造することまでして、他者を求めたのです。では、他者を求めるとは何かというと、それが愛するということでしょう。愛するとは他者を求めるということでしょう。こういうことを言うと、神は世界を創造する必要などなかったのだという人がいるのです。昔から、神学の中でも、そういうことは言われています。神は別に世界など創造しなくても、神自身として自己自身のうちに自足して存在することができたのに、いわば余剰の恩恵として世界を創造したのだ、と。しかし、私の考えでは、神が世界を創造することはいわば必然なのです。なぜなら、神において偶然ということはないはずですから。神においては、すべてが本質的であり、その意味ですべてが必然的なのです。だから、世界を創造するということは、神の本質の現れであるはずです。

世界を創造しない神というのはあり得ません。自己自身の中に安らっていた神が、たまたまある時、気まぐれに世界を創造してみようかという気を起こして、世界を創造したのではありません。すべてが本質的である神においては、気まぐれということはありえないからです。神は無始原の始めから世界を創造するものとして神であったはずです。だから、それが何を意味しているかということを考えなければなりません。

ところで、「神は愛である」と新約聖書は言っていますが(『ヨハネの第一の手紙』四の七—八)、神が愛であるということは、神が自己自身の中で自足していないということを意味するでしょう。自足しているならば、世界を創造するはずがありません。神は愛であるがゆえに切に他者を求め、切に他者を求めたがゆえに世界を創造したのです。聖書の中で、世界との関連なしに神という語が語られることはありません。いつでも、なにか世界と関連して、神の話が出て来ます。当たり前です。神について語っているのは人間だからです。

さて、そこで、私が話したいことの本題にこれから入るのですが、愛の相手はロボットではだめです。奴隷でもだめですね。自分の言いなりになる相手との間には、愛は成立しません。ただ、自分を拒否する能力を持つ相手のみが自分を愛する能力を持つのです。自分を否定しうる相手との間にだけ愛は成立するのです。

愛の成立の根底には、いつでも拒絶の可能性という緊張関係があるのです。言い換えれば、自由な者と自由な者との間にだけ愛は成立するわけです。だから、神は世界を創造した時に、その創造という行為の究極目的として、創造の意味を担うものとして、自分に反抗しうる人間を創造したのです。すなわち、自由意志を持つ人間を創ったのです。

さて、人間を創ったということは、自由意志という反抗と同意の能力を持つ者を創ったということにほかなりません。この反抗と同意の能力を持つ者を創らなかったならば、創造という行為の意味が失われてしまいます。創造という行為自体が愛の発露であり、愛の発露は相手の応答を求める行為だからです。その相手が、反抗にせよ同意にせよ、自分に応答しうる者でなければ、愛は初めから成り立ちません。

そこで、神は愛の相手として自由な人間を創造したわけですが、その人間は案の定、創られた途端にたちまち神に反抗したわけです。罪を犯したわけです。これが楽園追放の物語であり、原罪ということですが、ここまで考えると、罪を犯す能力と愛する能力とは同じ一つの能力の裏と表であることが分かります。一方がなければ、他方は成り立たないのです。

罪を犯す能力がなければ、愛することは出来ないのです。石ころは罪を犯すこともできない代わりに、愛することもできないのです。だから、罪の成立という危険を冒してまで、ということは、そこまで見通して、ということは、人間が罪を犯すことを十二分に知りながら、神は敢えて世界と人間を創造することに踏み切ったと言うべきでしょう。このことからいろいろなことが引き出されてくるでしょうが、今日は一つのことだけ述べておしまいにします。

それは、先ほども少し申しましたが、神は自足の内に安らっていたが、ある時、突然思いついて世界を創造したのではないということです。神に思いつきはないのです。神は全知全能ですから、すべてのことは永遠において把握されているはずです。だから、この創造という業も、神の永遠の本質と一体化しているはずです。神の全知と一体化しているはずなのです。

それなら、人間の堕罪も神の創造のうちにあったということになるでしょう。そして、それを償う人間の救いもまた、神の創造のうちに初めからあったはずです。だから、創造という神の原初の業のうちに、すべては織り込み済みなのだということなのです。すべてが織り込み済みなのだということは、神自身が人間の反逆のために苦しんで、苦難を受けるということも織り込み済みだということです。

神は永遠の昔から本質的に他者を愛する存在です。そのゆえに人間の創造にまで踏み切り、その結果としての人間の罪を初めから背負っている。人間を創る前から背負っている。人間を創造すれば、人間は罪を犯すに決まっているのですから、そういう可能性のある者として神は人間を求めたのですから、それを初めから背負って、そして、そのために苦しむことも神の願いであったのでしょう。神が自ら苦しむのです。なぜなら、愛である神は他者を求めたからです。そして、愛というおそるべき出来事を成就するために人間の罪を無条件で赦そうと、初めから決めておられたに違いないでしょう。

みなさんご存知の、『ルカ福音書』にある有名な放蕩息子の父親は、神を象徴していると普通解釈されています。この父親は、息子の放蕩と堕落を初めから分かっているのです。下の息子が財産をくれと言った時に、何も文句を言わずに財産を分け与えた。自由になった息子は遊女のところに行って、財産を蕩尽《とうじん》して帰ってくる。そういうことをすべて知りながら、かれの自由になんの制約も加えずに、かれを好きなようにさせて、それで帰ってきた息子を、汚れた息子を、無条件で抱きしめたのです。

この弟と、会うことさえ拒んだ兄貴というのは立派な人ですね。親孝行だし、悪いことをしない人です。ただ、愛がないのです、狭量なのです、兄貴は。律法共同体を代表している道徳主義者なのですね。パリサイ人なんです。それと際だって違うのは、汚れた息子をそのまま抱きしめる父親です。それによって、この父親は自分自身も汚れを背負ってしまうのですね。それが人間を創造した神です。

以上のことを、もう少し今度は哲学的に言い換えると、存在の根底に苦しみがあるのだということではないでしょうか。存在の根底に苦しみが入っています。なぜなら、愛すること、責任を担うことは、おそらくは、苦しみを通してしか成就しないからです。つまり存在という概念を、不生不滅とか不変不動とか浄福無垢とか平穏無事とか、なにかそういう観念で理解するのは、少し真実から逸れているのではないかということです。

そうではなくて、もしも存在することが愛の働きであるとすれば、存在には苦しみが付きまとうはずでしょう。なぜなら、愛には裏切りと、背信と、憎悪と、破滅が付きまとうからです。あのひどい侮辱と絶望の苦しみの中でイエスが死んでいく時の、その苦しみが、他者を愛するということだとすれば、それが存在そのものの本当の姿だということになるでしょう。

そして、喜びとか幸福とかいう言葉を使うとすれば、苦しみを背負うということのうちに、あるいは他者の裏切りを無条件で赦し続けるというようなあり方のうちに、なにかわれわれの想像を絶する本当の喜びというものがあるのかもしれません。それは、無私の愛を知らないわれわれにはよく分かりません。分からないのだけれど、本当の喜びというのは、苦しみと切っても切れないものとして、初めから神のうちにあるのだと思います。

神は「愛する者」として、初めから「苦しむ者」であったのです。私が今日言いたいことは、すべてのことが全知の神において織り込み済みであるとすれば、人間の創造から発して全歴史を通して展開されるさまざまの苦しみの山は、その全部が愛である神の本質と無関係ではなく、だから、救いの予定のうちに入っているはずだということです。

5　神の高さと低さ

天地万物の創造主である神、この神はこの現象の世界、私たちが生きているこの現象世界の秩序には収まりきらない方、現象世界に姿を現すことができない方です。なぜなら、現象世界の存在者はすべて有限な存在者だからです。「存在者である」ということが「一定の形（形相）をもつ」ということであり、それが、すなわち「有限である」ということにほかならないからなのです。だから、アリストテレスの言うように、全宇宙が存在者であるかぎりは、すべてを束ねても有限なのです。

しかし、神は有限を超えるという意味で無限なもの、無限者です。無限という言葉をわれわれは使っていますが、「無限」が積極的になにを意味しているかは、考えることも想像することもできません。無限という言葉を使いながら、実は、私たちは何も理解していないのです。だから、神については否定的にしか語れないのだと、昔から神学者は言っています。

つまり、無限なるものは時間の中にないとか、空間の中にないとか、形を持たないとか、見えないとか、触れないとか、そういう言い方です。私たちが現象世界の存在者について付けるそういう述語は、神についてはすべて否定するという仕方で語るほかはないというわけです。それは、伝統的に「否定神学」と言われているものです。だから、そういう意味で、「神は無」としか言いようがないのです。何々ではないという意味で、無としか言いようがないのです。

あるいは現代の哲学では、特にレヴィナスの哲学では「神は不在（absence）」、あるいは「超越（transcendance）」と言われるのですが、この「超越」ということをなにか宇宙を超える巨大な存在者のように想像したら、これは大きな間違いです。要するに、端的に現象世界を超えていると言っているのであって、どんなに巨大な存在者であっても存在者であるかぎり、それは超越ではないのです。

この世界の背後にもう一つ、さらに大きな別の世界を考えるという思想があります。それは昔から二世界説と言われているのですが、そういう二世界説のいう真実の世界というのは、要するに、後ろにあるもう一つの現象世界であって、やはり現象世界に変わりはないです。われわれの住んでいるこの世界と同種の世界なのです。だから、二世界説というものは問題になりません。これはもう、背後世界（Hinterwelt）という観念を嘲笑してこの世界の永劫回帰を説いたニーチェ以降、現代の哲学では常識になっています。だから「超越」とは、端的に世界の外部ということです。語りえない外部ということです。

さて神は、そのような超越であるとすれば、存在者ではないと言わなければならないでしょう。存在者と言ったら、もう現象世界の有限の存在者のことしか考えることができませんから、神は存在者とは言えないのです。では、どう言ったらよいのでしょうか。「全存在者の存在根拠」と言う以外には、どう言ったらよいのかまったく分かりません。

しかし、もし神がそのような超越であるとすれば、そのような超越がもし万一、現象世界に現れるとすれば、その場合にはどのような姿をとりうるでしょうか。現代の哲学では、いや、むしろもっとかなり昔から、たとえばキルケゴールとか、あるいは、さらに中世まで遡っていうことができますが、超越としての神は間接的にしか現れないと考えられています。つまり、直接的に神に出会うことはできないが、間接的に出会うことはできるということです。すなわち、神の本質を現した有限な存在者にわれわれが出会うことができれば、その存在者を通して（すなわち間接的に）、神の本質を見ることができるということにほかなりません。

ところで、前節でも述べたとおり、ユダヤ・キリスト教の神の本質は「愛」でした。愛とは「他者を求める」ということです。「他者を求める」とは、「他者に助けを求める」ということです。だから、もっとも弱い者が、もっとも愛を求める者なのです。人間も、徹底的な弱者になったとき、ひたすら、純粋に、愛を求める者となるでしょう。自分に頼ることができなくなったとき、他者に助けを求めて叫ぶ以外に何ができるでしょう。それが、愛をもとめての叫びです。では『聖書』を見ると、どうなっているでしょうか。

ご存知のように、『マタイ福音書』の第二五章に最後の審判の物語があります。その「最後の審判」の物語では、飢えた者、渇いた者、旅人、裸の人、病人、囚人、それから『旧約聖書』から引けば、さらに孤児とか寡婦ですね、神はそういう者として現れるといわれています。これが間接的出現ということです。

神は無名の者(インコグニート)として現れる。弱者、被差別者、ハンセン病者、死にかけた者の姿をとって、不在としての神が通り過ぎるのです。われわれは最後の裁きの場に出たときに、「これらの人にしたことは私にしたことなのだ」といわれるのです。すなわち、「この世でもっとも弱い者、もっとも虐げられている者、もっとも孤独な者、もっとも見捨てられた者の姿をとって神は現れる」と、『マタイ』の第二五章ではいわれているのです。

決して、大兵力によって世界平和を維持すると自称する輝かしい大統領とか、大神殿を司る大祭司とか、世界の経済を支配する億万長者などとして現れることはありません。レーニンとかスターリンとか毛沢東とかサダム・フセインのように銅像を建てられるような、大権力者として現れることもありません。だから、多分、この世で輝かしい存在である人間が神に近いということはあり得ないでしょう。

それはなぜだろうか、ということを少し考えてみたい。これからは私の哲学です。その理由は、私の思いなしでは、「神が愛」だからではあるまいか。愛である神はひたすらに愛を求めるのです。ところが、愛は力を振るわないのです。力や権威を振りかざせば、精神的にせよ身体的にせよ、暴力による支配というものは成就するのですが、暴力による支配が成就したところでは、愛はたちどころに消滅してしまうのです。

愛というのは、願い求める者、祈り求める者に、無償で贈られてくるものです。それは弱者が助けを求める叫びであり、それへの損得なしの、そういう意味では無根拠の応答です。飢えた者とか、渇いた者とか、裸の者とか、絶望した者とか、病人とか、囚人とかは救いを求めて叫んでいる人なのです。これに応答したかどうかということが、最後の審判でわれわれに問われているのだと言われているのです。

このとき、強い神がこれらの人々の背後に隠れている、というように考えてはいけないでしょうね。前節で述べた「ハーヤー（生成）」としての神は、自足を棄てて、脱自して、他者となってこの世に到来する神ですから、まさにこれらの人々が、徹底的に弱者となった神なのです。これらの人々が、先ほど言ったように、痕跡としての、超越としての、不在としての神が、この世に現れた姿だと理解するべきでしょう。

愛は弱者の叫びであり、それへの応答である。弱者であればあるほど、愛は純粋になる。なぜ弱者か。力を振るえないからです。その弱者の叫びに応答する者も、弱者でなければならないのです。なぜなら弱者でなければ、弱者の叫びは分からないからです。だから極限の愛である神は、絶対に暴力を振るわないという意味で、極限の弱者なのだと私は思うのです。以上は『マタイ』の第二五章の最後の審判の物語ですが、次に、今は四旬節*ですから、イエスの受難ということをちょっと考えてみたいと思います。

*四旬節とは、キリストの受難に先立つ四〇日間を言う。四世紀頃に、キリストの苦しみをしのんで回心と節制に励む期間として定着した。

ここからは、こんな思い切ったことを言っていいのかどうか分かりませんが、私が考えていることを敢えて申します。イエスは、あるとき自ら、ナザレでの安らぎの幸いを棄てたのだと思われます。それは、アブラハムが「安らぎの故郷を棄てよ」との主の呼びかけを受けて、行く方も知らずに、主にすべてを任せて旅立ったのに似ているかもしれません。イエスは、おそらく天の父の呼びかけを受けて、安らぎの家を棄てて、雲水の生に入ったのです。

それは、エルサレムの神殿体制を中核とする宗教的・政治的支配階層への反逆の運動であり、かれらによって抑圧されていた「汚れた者たち」への連帯の運動であったのです。イエスのこの運動は、さまざまな弾圧と排除を受けながら、最終的には、この世の常識から見れば極限的に不幸な結末を迎えました。

イエスはあらゆる侮辱を受けました。その人生において数限りない侮辱を受けているのですが、最大の侮辱は、最後に十字架に架かったときに、周りに立って見ていた大祭司や律法学者が、その上、一緒に十字架に架けられた強盗までが、「十字架から降りてみろ」とイエスに言ったことですね。「もしおまえが十字架から降りたら、われわれはおまえを信じてやる」と言ったのです。これは『マルコ』の第一五章の三二節です。

ところが、イエスはそういう侮辱を受けても、十字架から降りることはできなかったのです。それは、いっさい力を振るわなかったということです。まったく振るわなかったということです。もちろん、それまでに弟子たちは皆逃げてしまいました。すべての人から見捨てられた状態で死を迎えることになるのです。

「イザヤの預言」というのがあって、ご存知のように『イザヤ』の第五〇章の四節から七節に、背中を打たれ、ひげを抜かれ、嘲りの唾を受け、とかありますね。そういうようなことが、実際に行なわれたと『新約聖書』に書いてあります。そして一週間前には、ローマ帝国の軛《くびき》からユダヤ人を救出する救世主の到来だと思って「ホザンナ」と歓呼の叫びを挙げて迎えた群衆が、イエスのあまりの無力さを見て失望し、歓呼の声を怒声へと反転させ、みな「十字架につけろ」と叫んだのです。だから、もうすべての人に見捨てられました。絶望の極限でした。そして、イエス自身も十字架の上で、「わが神、わが神、なぜわたくしを見捨てられたのか」と疑問の叫びをあげて死にました。

だから、このイエスの姿は、先に「最後の審判」の物語で語られていた、あの飢えた者、渇いた者、裸の者、病気の者、牢獄の囚人、それが神なのだという、あの思想の徹底的な実例ではないでしょうか。なぜこういう死に方をするのか、神が。それは、自分の善意を、自分の愛を、相手にさし出すときに、神は一切力を振るえないからではないか。なんの強制もできないからではないか。ただひたすら相手の善意に訴えるだけだからではないか。

そういうような呼びかけを、相手はいつでも拒絶して、踏みにじることができるのです。相手の自由な心にひたすら訴えているときに、相手はいつでも暴力的にそれを拒絶して踏みにじることができます。特に、相手が自己保存の本能だけで動いているような、他者を自己のうちに取り込んで、自己の支配を強固にすることだけに専心するようなエゴイストである場合には。

十字架刑へと追い込まれてゆくとき、イエスが直面した当時のユダヤ教の神殿体制とそれを守る司祭たちは、まさに、このような宗教的全体主義のエリートたちにほかなりませんでした。この全体主義を貫徹することが、この権力体制を守ることが、神に仕えることであるとかれらは信じていたのであり、それゆえに、この全体主義を破壊するイエスは神を冒瀆する者だ、と断罪したのです。ちょうど真の神を求めるソクラテスが、無神の者として処刑されたのと類似の状況であると言ってもよいでしょう。

こうして、純粋に愛のみを求めるがゆえに、いっさいの力を用いない者が、力によって支配する者によって暴力的に拒絶され踏みにじられている姿を、ここでイエスは示しています。言い換えれば、神はこのように苦しむ者としてこの世に到来したのです。それが神の本当の姿です。なぜなら、愛を求める者は本当の弱者となるからです。愛を求める者は、相手の拒絶にあって屈辱の中へ突き落とされ、悲惨な最期を遂げてしまう可能性に身をさらすのです。

私たちにもいろいろ人生に挫折があって、いろいろ苦しいこともあるわけですが、私たちがどのような苦しい目にあって、どのように悲惨な最期を遂げても、イエスの最後の悲惨さには及ばないでしょう。だから、このイエスの姿は、やはり愛が力とか権威とか支配とかいうものとは決定的に異質なものだということを、はっきり示しています。そういう力が襲いかかれば、愛はたちどころにうち負かされて十字架に付けられてしまうのだ、と。

その姿を、パウロは「神の自己虚無化」と言ったのです。ギリシア語で「ケノーシス」といいます。「神は己を低くして、ついに十字架の死にいたるまで服従する者となった」(『フィリピ人への手紙』二の八)。それは、愛というものがそういうものだからです。

それで話の結論ですが、最初に話した神の無限の高さ、宇宙全体を束ねても及ばない神の無限の高さ、天地万物を創造した神の無限の高さ、そして、この神の極限の低さ、神の自己虚無化。これはどうして同じことなのか。それは、おそらく、神が愛であるからなのではあるまいか。愛は、パスカルの言うように、至高の次元に属するものでありながら、極限の非暴力として常に仕えるものであるからではあるまいか。

「人の上に立ちたい者は、人に仕える者になれ」とイエスは教えましたが、これは神自身のあり方を言っているのではあるまいか。とにかく、ここには、無限に高いものが極限的に低いという逆説が確かにあるのです。それは、自由意志というものの秘密です。それで、最後に、もう一つ私の思いつきを付け加えれば、神が絶望の果てに死んだのであれば、私たちがどんなに絶望しても大丈夫です。私たちがいくら絶望しても、絶望の極限を体験した神がもっと底にいて、私たちを背負っておられる。

レンブラント作「十字架に架けられたイエス」
(1631年制作、フランス、マ・ダジュネ教会蔵)

第四章
社会

「アリストテレス」(前4世紀の作品のローマ時代のコピー、ウィーン美術史美術館蔵)

1 市民の概念と人間の平等

一九九一年のユーゴスラビア連邦の解体から始まったユーゴ内戦は、凄惨な経過を辿って数年間続きましたが、その間、民族の純潔、民族の浄化という思想が内戦の一つの大きな要因として荒れ狂ったことは、ご承知の通りです。八〇万人が虐殺されたと言われるルワンダの内戦でも最近のシエラ・レオネの内戦でも、攻撃された方の男は皆殺しにされ、女はすべてレイプされたと言われています。この民族浄化の思想は、六〇〇万人のユダヤ人を虐殺したヒトラーの狂気とともに、人類が永遠に地獄の底に封印したはずなのに、戦争が起こると常に地中から甦《よみがえ》り、人間の生血を吸いはじめます。

この狂気の思想の底にあるものは、差別の意識であると言ってよいでしょう。人種の差別、性の差別、貧富の差別、階級の差別、宗教の差別、こういう差別意識が、自分とは違う人種、階級、宗教に属する他の人間たちを排除し、軽蔑し、奴隷化し、果ては抹殺しようとさえする動機なのです。では、どうしたらこの差別意識を克服できるでしょうか。血なまぐさい現実からあまりにもかけ離れた理想論を語る、と人は言うかもしれませんが、この差別意識は、人間の平等を確立することによって克服するほかはないのです。アリストテレスは『政治学』のなかで市民の概念を考究しましたが、この考究が現下の問題に光を投げかけると思われます。

ギリシア人が国家について語るとき、かれらはアテナイとかコリントなどとは言わずに、アテナイ人とかコリント人と言いました。国家の実体は、それを構成している市民たちだからです。それゆえ、アリストテレスは国家について語るとき、「市民とはなにか」という問いから始めるのです。かれは市民の定義を求めるにあたって、まずいくつかの不適切な市民概念の排除から探究を開始します。

すなわち、まず一定の土地に住んでいることが、市民としての資格を与えるのではありません。ある土地には、本来の意味での市民もいますが、若者もおり、老人もおり、奴隷もおり、商業に従事している外国人居留者もおり、外国人旅行者さえいますが、かれらがみな市民なのではありません。若者は将来充分な判断力が備わったときに本来の市民になりえますが、理性が発達していない時点では「不完全な」市民であり、老人は逆に理性的判断力が衰えたために退役の市民という意味で、本来の市民ではないのです。奴隷が市民でない理由は一言でいえば、奴隷には、倫理的・政治的活動に携わるに十分な理性が備わっていないと見なされているからです。

こうしてアリストテレスは、本来の意味での市民を次のように定義します。「無条件的な意味での市民とは、ただ、判決と支配に関与することによって規定される」（『政治学』一二七五a二三―四）。これは、市民のまったく機能的な定義です。すなわち「判決」とは、裁判において一定の役職を務めうる能力を意味し、「支配」とは立法、行政、その他の国家の運営に関する同様の能力を意味しています。これら二つのことについて責任をとりうる能力をもつことだけが、市民の資格であるとアリストテレスは言っているのです。

ギリシアでは伝統的に、両親が市民の子が市民として認められていましたが、アリストテレスはこのような出自による資格付けを少なくとも、その理想国家においては廃棄しようとしたのです。もしもこのような出自による資格付けを貫徹しようとするならば、三代前あるいは四代前に遡ったとき、誰がいつ市民になったのかというアポリアが生じてくるでしょう。

それに出自による定義は、最初にポリスを建設した人々には、論理的に適用できません。だから、クレイステネスが前五〇八年に革命を起こして独裁者を追放し、多くの外国人や奴隷を市民団に編入してアテナイにデモクラシーの基礎を据えたとき、これらの新しい市民たちは正統な市民なのかどうか、という疑問は意味がないのです。かれらが、倒れた政治権力から見て、不当な仕方で市民になったとしても、かれらに上述の政治支配に関与しうる十分な理性能力があれば、かれらの市民性に関してはなんの問題もない、とアリストテレスは言っています。

以上に述べたアリストテレスの市民観は、未来に大きな可能性を開く、非常に革新的な市民観であると言うべきではないでしょうか。かつて他の論文(「アリストテレスの奴隷論」『思想』八九三号)で問題にしたことですが、アリストテレス自身が伝統的な市民観に従って、女性や奴隷や外国人居留民を、かれらが政治的支配に関与する理性能力を持たないという理由で、市民団から排除していました。しかし、もしも、市民であることの資格がただ「判決と支配に関与する能力」によって規定されるのであれば、奴隷、外国人、女性たちが、やがて教育その他の知的・倫理的訓練によって十分な倫理的・政治的理性とそれを発揮するための責任能力を身につけた暁には、市民になり、政治に参加することになんの妨げもないはずです。

アリストテレスの市民観は、現実の状況を容認しながらも、出自、富、階級、その他の偶然的もしくは運命的な条件を弱化し、もっぱら機能によって市民を規定することにより市民の領域を流動化し、人間はだれでも市民になれる可能性を開いているのです。アリストテレスの市民概念の普遍性が、現実の市民団の閉鎖性を破壊する力を秘めているのです。

アリストテレスの政治思想はヨーロッパの政治哲学の基礎になりましたが、これを正当に引き継ぐ現代の政治哲学者ロールズにおいてもまた、正しい社会の構成員は自由で平等な市民でなければなりません。自由は現下の論題の外であるから今は措くとして、では平等とはなにを意味するのでしょうか。それが、能力や容姿や富や社会的地位の問題でないことは自明のことです。こういう点についての平等への努力は二〇世紀において激しく行なわれましたが、おしなべて挫折したと言うべきでしょう。

では、どこに人間の平等は成立するのでしょうか。それは、人間がそれぞれ公共的理性を分有するという点において成立するとロールズは言います。公共的理性とは、共同体成立の基本原理となる正義の概念についての認識、その正義を実現すべき正しい国家（共同体）がどのような構造をもつべきかについての認識、その認識に基づいて国家を建設し、改善し、維持するために責任ある行為をなしうる倫理的能力、これらの認識や能力の成立条件となる、現代における倫理的ならびに科学的な常識のすべてを含む全体的な能力のことです。

人はみな人間であるためには、たとえ不十分ではあっても、この理性を身につけなければならないのであり、この理性の共有という点で人は平等でありうるのです。このような人間観が、アリストテレスの市民概念の正統な子孫であることは明らかでしょう。平等とは、人間の印ですが、すでに与えられているものではなく、戦争、虐殺、搾取という血まみれの歴史による教訓、教育による陶冶、実践理性の育成を通して、人間が命がけで創りあげてゆかなければならないものなのです。

2　デモクラシーの基礎と未来

†日本人の政治意識

日本人には、政治というものはお上がするものだという意識が昔からありました。徳川時代あるいはもっとその前から、民衆はお上の命令に従って生きてきました。ところが、実はどういう政治をするのかは自分が引き受けなければいけません。そういうふうに自己責任の意識を私たちはもっと強くもたないといけません。その過渡期にいまあると思います。私たち自身が国家に責任をもっているのです。どういう政治家が出てくるかということについて、政治家の悪口を言っているだけではすみません。なぜなら、政治家の悪口を言うことは、そういう政治家を生み出した自分自身の悪口を言っていることになるからです。そういう意味で、ただ考え方やものの見方というだけではなく、行動、実践によって自分たちで国を作り変えていくという意識をこれから日本人はもっともたないといけないのです。

いま、NGOとか非政府組織的な団体が世界的な規模でいろいろ活動していますが、これらも自分たちで世界を変えていくとか、国を作っていく行動の現れです。そういう意味では、テレビを見て政治に関心を持っているというだけでは不十分なのです。

†なぜデモクラシーなのか

それでは、まず現在、世界で政治制度として、なぜデモクラシーでなければならないと考えられているかを、取り上げてみます。政治については、古来、原理的に二つの考え方があったのです。それは、古代ギリシアのプラトンとアリストテレスという、二人の哲学者の政治についての考え方から発しています。

プラトンの考え方はどういうのかというと、政治は正義に従って行なわれなければならない、しかし、正義を本当にわかって、実行できる人は、ごくわずかしかいないというものです。この少数のきわめて優れた人に支配権力を委ねて、国家の統治を任せるというのがプラトンの「哲人王の思想」といわれているものです。哲学者が王にならなければ、国は救われないとまでプラトンは言いました。この考え方がずっとヨーロッパで受け継がれてきて、「王権神授説」という思想とも結びついて、王政を基礎付ける一つの根拠になりました。それは、フランス革命のころまで支配的な考え方だったのです。

プラトンの思想を、もう少し細かく説明しましょう。プラトンによれば国家の構造とは、人間の命の構造と同じです。どういうことかというと、人間の命では、まず一番下に食欲とか生殖欲という欲望的な部分があり、一番上には理性があって、認識したり行為の命令を下します。その理性と欲望の中間に意志があって、この意志が理性の命令を伝達して欲望を規制します。これが人間の生き方の構造だと考えました。

理性が命令を下して、意志がその命令を伝達し、実行して、欲望がそれに従うという形で人間が生きているときに、その人は調和のとれた正しい人間と言われるわけです。逆に、もし欲望が人間の支配権を握ってしまって、理性の命令を無視して暴れだしたら、その人間は無抑制状態になり、そのときには人間は何をやり出すかわかりません。それが不正な人間というわけです。これをプラトンの「魂の三分説」といいます。

国家も同様の構造だとプラトンは考えました。それはどういうことかというと、欲望にあたる部分は、国家を構成している人間の大部分を占める労働者階級、それから意志にあたる部分は、日本でいえば侍にあたる部分で、防衛者階級とプラトンは言いました。そして、一番上の命令をくだす理性にあたる部分が支配者としての哲人王で、この哲人王の命令に従って、いわば防衛者階級がその命令を実行し、欲望的部分にあたる労働者階級がそれに従って活動しているという状態が、国家の理想的状態だとプラトンは考えたのです。この考え方で人類はずっと、おそらく王政というものが世界中を支配していた間は、何千年とやってきたわけです。

†プラトンの考え方の問題点

ところで、この思想の問題点はどこにあるかというと、いちばん根本的な点は、人口の大部分を占める労働者階級の処遇です。労働者階級とは、つまり今流にいうと一般庶民と考えればいいわけですが、この一般庶民に倫理的な自律性が認められていないところに、この思想の問題点があるのです。つまり政治に責任を持つ能力、いまの言葉でいえば参政権を一般庶民に認めないのです。ここに問題があるわけです。

一般庶民には、ただ徳の高い哲人王の命令に服従することだけが要求されています。端的に言うと、一般庶民は政治的判断力のない精神的奴隷として扱われているということになります。プラトンは、それほど人間というものを信用していなかったということです。

プラトンは一般民衆に対して、政治権力を委ねるだけの信用をおきませんでした。その理由の一つとしては、プラトンが生きていた当時のデモクラシーが堕落して、衆愚政治に落ちてしまっていたということもあるでしょう。たとえば、プラトンにとって永遠の師であったソクラテスは、民主制のもとで死刑に処せられてしまったのです。そういうことをプラトンは見ているから、かれがデモクラシーに失望した気持も分かります。しかし、それにしても、一般庶民の一人ひとりに倫理的自律性を認めないという考え方は、どうしても決定的な誤謬です。この考え方は人間の尊厳に矛盾するのです。

第二の問題点は、プラトンは哲人王という理想を語ったけれども、哲人王というような人間が現実にどこかに存在しうるのか、という点です。プラトンは『国家』という書物の中で、哲人王を育てるためのたいへん厳しい教育カリキュラムを述べています。子供たちのうちから素質に秀でた者を求めて、選抜に選抜を重ね、ごく若い頃には文芸、音楽、体育を混合した教育でかれらの身心を鍛え、それが終わると数学の勉強を課し、さらに、その後にやっと哲学の勉強が始まります。そのときには五〇歳を過ぎているのです。

そこまで鍛えに鍛えて、選抜されて、五〇歳を過ぎて、プラトンの言う「善のイデア」を認識できるようになった人間が、はじめて哲人王の候補者になるわけです。そうなった人は私有財産も妻帯も許されません。だから自分の家も持っていません。食事も、労働者階級が持ってくるものをただ食べるだけで、禁欲修道僧のように独身生活を送らなければならないのです。

これに対して、いちばん世間的な意味での幸福な生活を送っているのは労働者階級なのです。労働者階級は、もちろん私有財産も妻帯も許されて、ごく普通の生活をしているわけです。だから、プラトンは政治家に、私情によって政治を狂わせないように、非常に厳しい禁欲の生活を要求したのです。ですから、もちろん、哲人王は二〇世紀の独裁者とは大違いです。しかし、その哲人王は超法規的な存在なのです。

法律というものは本来、おおまかに人間の生き方を秩序立てているに過ぎません。本当に何が良いか悪いかは、個別的な状況を正確に認識したうえで、それに即応した判断を下せる柔軟な賢さに委ねられなければだめです。それができる人は、本当に善がわかっている人だとプラトンは考えたのです。

†アリストテレスのプラトン批判――哲人王など現実には存在しない

これに対してアリストテレスは、哲人王というような者は現実には存在し得ないと批判しました。なぜなら、人間は純粋な理性ではなく、肉体を持った理性だからです。現実の人間は、欲望によって動かされる肉体と共にある理性なのです。だから、どんな高潔な人でも、ひとたび権力を持てば、腐敗しないということは殆《ほとん》どありえないとアリストテレスは言いました。

プラトン自身もそれと同じことを言っているのですが、でも、自分の理想は理想として通したわけです。こういうわけで、単なる思想としてならいざ知らず、アリストテレスの考えでは、正しい絶対王制というものは現実には存在しえないのです。絶対王制は、人間が欲望的な存在である以上、必ず独裁制に転化する危険を持っているのです。

以上に述べたようなプラトンの考え方に対して、アリストテレスの考え方はデモクラシーの基礎になる思想です。アリストテレスはどういう考え方をしたかというと、倫理の基礎は、今の言葉でいうと、誰もがもっている常識あるいは良識ということです。ギリシア語でいうと「エンドクサ」です。何が良いか悪いかは、ごく少数の優れた人が決めることではなくて、多くの人々の合意によって決められることだというのがアリストテレスの思想なのです。

これは非常に現代的な考え方で、二三〇〇年以上も前にアリストテレスがこういうことを倫理の基礎にしたということは驚くべきことです。プラトンはア・プリオリ（先天的）にどこかに絶対的な善というものがあると考えたのですが、アリストテレスはそうではなくて、そういう善は仮にあったにしても、実際に人間の生の役には立たないというのです。人間が本当に生きるときに有用な原理というのは、多くの人々の合意だと考えたのです。

†少数のきわめて優れた人の判断より、多くの人々が是認する考え方の方が優れている

アリストテレスは、先ほど言ったように、哲人王のような存在はありえないとしました。人間の中には、動物的な要素が必然的にあるということです。人間は情欲や怒りの影響を受けて生きています。そういう影響を受けない人間は存在しないわけです。だから、そういう情欲や怒りという非理性的な衝動を、どのようにコントロールするかということが問題なのです。

この点で、アリストテレスの考えは、「倫理や政治の領域では、少数の優れた人の判断より

も、多くの人々が是認する考え方のほうが優れているし安定している」というものです。庶民は、一人ひとりを見ればみんな不十分な、不完全な人間です。みんな欲望に左右されるし、怒りに動かされるし、自分の生存が一番大切なエゴイストです。しかし、多くの人々が集まって合意するときには、その多くの人々は多くの目や多くの耳を持つのと同じで、大体正しい判断力や認識力を示すのです。

他方、優れた人間でも情欲や怒りや自己保存の衝動のために判断力を狂わせるということはありえます。そのときに権力の所有者が一人ならば、かれは独裁者になって、人々はとてつもない不幸に陥るでしょう。しかし、多くの人々が同時に怒りに狂うとか、多くの人々が同時に情欲に狂って判断を間違えるということは、ありえないことではないとしても、ほとんどないでしょう。それは、ちょうど、小さな沼は小さな汚物で腐敗するけれど、大きな海は汚いものが流れ込んでも、全体が腐敗するということはないというのに譬えられています。

†政治は特殊な技術ではなく常識である

もうひとつ、政治とか倫理は特殊な知識や技術によってではなくて、常識に従って行なわれなければならないという点があります。それがアリストテレスの考えなのです。そこがプラトンと全然違うところです。プラトンは、政治は専門技術だと考えたのです。たとえば原子力発電とかガンの手術とか、こういう仕事は専門技術です。だから、専門家に委ねなければだめです。素人が原子炉の処理やガンの手術なんかできません。しかし政治は、本来は特殊な専門知識を持っていない普通の人が、いわば日常のコモンセンスの判断で参加して運営すべきことであるとアリストテレスは言うのです。

実際、アテネの民主制とはそういうものだったのです。お百姓さんとか魚屋さんとか八百屋さんとか鍛治屋さんとか、そういう庶民が、交代でクジで選ばれて公職の座についたのです。もちろん特殊専門的な知識を必要とする公職もあります。そういう公職には、それに応じた選ばれ方があります。しかし、国政の方向を定めるような最重要事には、全市民がその決定に参加しました。

倫理というものは人間の生き方でしょう。だから、これは特殊な技術ではありえません。どんな人だって、何が正しくて何が間違っているかについて認識をもっていて、一人ひとり責任を負って生きているわけです。政治はその倫理の延長線上にあるものですから、やはり倫理と同じように、普通の人の常識に従って動かしていかなければいけません。アリストテレスのこの考え方がデモクラシーの精神だと言えます。

†中間の国制が良い国制である

さて、話を現実的にすると、アリストテレスは中間の国制というものが良い国制だと言っています。アリストテレスによれば、国制の悪い形態の一方は寡頭制で、それは少数の富裕な人間が権力を持っている体制です。その一番極端なところに、絶対王制の悪化した独裁制があります。それは一人の、あるいは少数の金持ちが一国の富を独占して、いわば支配権力を全部握っている体制です。そういう国は、警察力の締めつけによって維持されているから、もちろん不安定だし、いつ貧困者の反乱によってひっくり返ってしまうか分からないわけです。

他方の悪い形態は、極端なデモクラシーとアリストテレスが呼ぶ体制で、貧しい大衆が権力を独占して、数の力で少数の教養ある豊かな人々の発言力を封殺してしまうような国制のことです。二〇世紀の例で言えば、教養あるインテリの自由な発言を弾圧した大方の社会主義国家の体制、たとえばインテリ富裕層を一〇〇万人も虐殺した、カンボジアのクメール・ルージュのような国制のことです。この両極端が悪い国制の典型なのです。

これに対して中間の国制とは、国の中で中産階級が一番大きな勢力となっている体制で、安定した良い国家の形だとアリストテレスは言うのです。つまり、あまりの金持ちとか、あまりの貧乏人がなるべく少なくて、みんながほどほどに豊かなのです。そうすると教育も普及して、みんなほどほどに有徳であって、だから、そんなに立派な優れた人もいないけれど、そんなに悪い人もいないという状態の国です。

そういう国では、人間はお互いに妬みあうことがなくて、国家がいちばん安定するのだという考え方です。それが先ほど言ったデモクラシーの基本的な理念の具体化です。つまり、一人ひとりの人間が倫理的な自律性を持っていて、各人の平等を権力の定期的交代という形で具体化しながら、国を治めるという考え方が現実の形になると、こういう国家になるのです。

実際には、すべての人が総理大臣になるということは不可能ですから、どうやって権力の平等を実現するのかというと、権力の交代ということで実現するのです。権力は絶えず交代しなければいけません。ある人間なり党派なりがずっと権力を独占していれば、必ずそれは腐敗するというのがアリストテレスの考えでした。

だから、実際ギリシアの諸国制では、役職によって期間が違いますが、この役職は一年間、この役職は半年間、この役職は重任不可などというように、権力の交代についてきわめて厳密なルールが作られていたのです。それは人間の平等を、権力の交代という形で実現しようとしたからです。現代のように非常に大規模な国家になれば、選挙という形で権力の交代を絶えず促すことが実際的でしょう。つまり、選挙を定期的に行なうことによって権力の交代を促し、権力の腐敗を防止することが、アリストテレスの考え方の延長線上に成り立つ思想です。

†市民とは何か

では、次に市民の問題について述べます。市民、英語のシチズンはギリシア語で「ポリーテース」と言い、もともとポリス（都市国家）の住民という意味です。つまり、国家を形成しているメンバー、共同体の構成員というのがもともとの意味なのです。しかしギリシアでは、実際には、国家の中で政治参加の資格をもつ者だけが市民とみなされていました。ということは、その当時は、女性・子供・老人・外国人労働者・奴隷などには政治参加の資格が認められていなかったから、こういう人たちは十全な市民としては認められていなかったのです。

古代アテネでは、これらの人々は、おそらく全人口の三分の二以上を占めていたでしょう。だから国家の住民の中で、実際に市民だった人は少ないわけです。現実はそうだったのですが、とにかく市民という概念は「国政を担う権利と義務を負っている人々」という内容なのです。現実においては、市民の資格は、生まれとか階級とか国籍とかによって世襲的に決まっていました。自由人の子どもは自由人、奴隷の子どもは奴隷です。だから奴隷の子どもが市民になるというようなことは、ほとんどなかったわけです。

しかし、アリストテレスは『政治学』の中で、「支配と裁判に与りうる人が市民である」という定義をしています。この定義は、理論的には、市民の資格を無制限に拡大したということです。なぜなら、女性であっても、老人であっても、外国人でも、奴隷でも、もしその人が十分な公共的理性を持っていて、行政とか立法とか裁判に関与できる判断力を備えていれば、市民になる資格があるという考え方であるからです。

つまり、政治的な判断力を身につけるかどうかが問題で、この市民概念によって、デモクラシーに理論的な基礎が据えられたと言ってよい。この市民概念は、理論的には、すべての人に政治的権利と義務を持ちうる可能性を開いているわけで、社会の基礎的な構成要素としての「自由で平等な市民」という現代の人間観は、アリストテレスによって開かれたと言えます。

そこで、実際に国政を市民が担当しうるためには、政治的理性というか公共的理性というか、そういうものを人々のうちに育てること、つまり公教育が決定的に重要な問題になるわけです。デモクラシーというのは、タダで、社会が何の努力もしないで、制度だけ作れば、すぐに実現できるものではないのです。その国家の構成員の一人ひとりが十分な公教育を受けて、公共的な理性を身につけて、初めてデモクラシーが成立するのです。これはアリストテレスが言っている考え方ですが、本当に現代にも妥当する恐るべき洞察です。

†現代の政治哲学者ロールズとアリストテレス

現代でも、たとえばアメリカに、すでに故人となりましたが政治哲学者のジョン・ロールズという人がいますが、かれは人間の平等とは、財産とか能力とか社会的地位が等しいというようなことではないと言っています。人間には能力の違いがあるわけですから、こういうことで人間の中に差があるのは仕方のないことなのです。しかし人間はみな、自由な公共的理性(free public reason)の所有という点で平等なのだと言っています。つまり、人間は国家(共同体)を構成する市民として平等なのです。

言いかえれば、国を作って、その国のあり方に責任を持ち得るという点で平等なのだということです。そのためには、人々は正しい国家を作る、あるいは作り変える、倫理的原理に関する認識と責任感および実行力を身に付けなければなりません。この倫理的原理に関する認識と責任感と実行力を一体化した能力が自由な公共的理性なのです。

これが、現実に行なわれている政治が正しいかどうかを判断する能力でもあるわけです。そして、それによって現実の政治が悪いと判断されれば、それを変えていくわけです。このジョン・ロールズの考え方は、アリストテレスの政治思想のいわば現代的な形態だと言ってよいでしょう。ロールズも当然のことながら、そういう公共的理性というものを育てるために教育を非常に重視し、教育こそはデモクラシーの基礎だと考えています。

ただ、ここで歴史的に見た場合、いろいろな批判がありえます。たとえば、古代ギリシアの民主制というのは奴隷制が基礎になってできているから本物ではないとか、そういう批判をする人が世の中にたくさんいます。事実、古代ギリシアでは女性とか奴隷は市民から除外されていました。しかし、理念の実現には時間がかかります。そして、歴史の進展とともに、徐々に市民の範囲は拡大してきたわけです。

たとえば、法規上だけにもせよ、奴隷制の廃止が実現したのは一九世紀の南北戦争後ですから、ついこの間です。女性の参政権ということになれば、これは、日本だったら戦争に負けたあとです。だから、ほんの六〇年前ですね。アメリカの黒人の公民権運動になったら、もっとあとです。マーチン・ルーサー・キングの暗殺とか、いろんな犠牲が払われて、黒人に公教育とか参政権とか、いろんな意味での実質的な人権が認められてきたわけです。

このように、各人が独立した倫理的人格であるという意味での人間の市民性の実現には時間がかかります。しかし、全体の大きい流れとしては、全人類が市民化の方向へ向かって進んでおり、これが人類の向かうべき方向であるというコンセンサスはいまや明らかでしょう。その考え方のいちばん基礎にアリストテレスの市民の概念があるのです。

†グローバリゼーション、世界の平和、寛容の精神

グローバリゼーションと世界平和の問題については、とくに現代人の精神的状況を考えなければならないと思います。現代はどのように特色づけられるでしょうか。端的にいえば、文化

的多元性の時代です。それは、異なった宗教、文化、習俗、人生観、美意識が、お互いに他を尊重しながら共存しなければならない時代だということです。

つまり、世界にはキリスト教もあり、イスラム教もあり、ヒンズー教もあり、仏教もあり、儒教もあり、道教もあるのです。それぞれが他者に対して「おまえは間違いだ」と言って、中世の十字軍がイスラム教を征伐しようとしたように、互いに争い合うということは人類の自滅であり、したがって、そういう自己絶対化が許されない時代に入ったということです。もはや、ひとつの宗教とかひとつのイデオロギーで世界を統制することは、歴史的現実として不可能な時代に入ったのです。

人類がここまで到達するためには、たくさんの血が流されています。人類が払った巨大な苦悩の一例として、ヨーロッパの宗教戦争がありました。これは実に悲惨な出来事で、同じキリスト教徒であるプロテスタントとカトリックが、同じ神を信じながら、「あっちの連中は本当の信仰を持っていないから救われない」と考えて、本当の信仰に立ち戻らせようという善意のもとに殺し合いをしたわけです。

こういうことは人類の歴史の中で数限りなく繰り返されています。しかし、それを通じてヨーロッパは寛容ということ、トレランスの精神というものを学んだのです。つまり自分と違う考え方を持った相手を、相手は間違っていると思っても、断罪してはいけないという精神です。

言いかえれば、自分の思想信仰を絶対化しない精神です。これが人権思想の基礎なのです。それは、思想信仰の自由とか、集会結社の自由とか、企業の自由とか、居住移動の自由とか、国籍変更の自由とか、いろいろな形をとっています。

しかも二〇世紀になっても、ソ連邦が崩壊するまでは、この基本的人権でさえ無視されている強大な国家が、地球上についこの間まで存在していたわけです。しかし今や、徐々にではありますが、寛容の精神、あるいは自分の思想を絶対化しないという精神が一番大事なのだということを、やっと人類が自覚しはじめたということです。この人権思想の基礎の上に、人間の幸福と世界の平和が築かれなければならないでしょう。

†自由と平等はすべての人が守らなければならない公理

人権とは、一言で表現すると、人間の自由と平等ということです。これが、すべての人が守らなければならない絶対的な土俵なのであって、これが壊されたら、もう人類は終わりです。この自由と平等という土俵の上で、はじめて、いろいろ異なった宗教とか、異なった文化とか、異なった芸術とか、異なった習俗とか、さまざまの多彩な花が咲き乱れうるのです。

たとえば、先年、バーミヤンの大仏をダイナマイトで吹き飛ばしたような人たちは、この寛容の思想に到達しておらず、自分たちの信仰を絶対化しているのです。昔の人々が大切にしてきた古い信仰を踏みにじっているのです。だから、他者を尊重するためには、自分の信仰とか宗教を絶対化しないということがとても大事なのです。

世界平和について言えば、第一に言わなければならないことは、人間の平等の基礎として差別を撤廃することです。人間の世界になんらかの差別が存在するかぎり、絶対に平和はありえません。だから、あらゆる意味での差別を撤廃しなければなりません。今どんどん進行しているし、今戦われている問題もあります。

男女の差別の撤廃について言えば、結婚においても、教育においても、就職においても、社会的権利においても、男女の差別は存在してはならないというのが現在では常識になってはいますが、今でも本当の意味では実現しているとは言えないでしょう。それから人種差別の撤廃については、本当にまだまだ大変な問題が残っています。たとえばアメリカでは、アフリカン・アメリカンとかラテン・アメリカン、エイジアン・アメリカン、そういう人たちが差別されています。あるいは、日本も同和問題、永住外国人の参政権問題をはじめ、まだまだいろいろな差別問題を抱えています。

さらに世界的規模でいうと、第三世界あるいは第四世界と先進国との経済的な格差の解消に向けて、全人類が全力をあげないといけない状態に来ていると思います。先進国の人々と発展途上国の人々との間に現在のような貧富の大落差がある限り、テロの根絶は望みえないでしょう。どうすればよいのかははっきりとは分かりませんが、とりあえず先進国の方が落差の解消に努力しないといけないでしょう。そのためにも国境という障壁を低くすることが、人類にとって将来的に大きな課題になるでしょう。

すでにヨーロッパでは、ヨーロッパ経済共同体というものができて、ユーロという共通の通貨が流通し、経済的には国境が撤廃されつつあります。実際、私もヨーロッパで経験しましたが、ドイツ人のおばさんがサンダル履きで隣国のベルギーへ買い物に行きます。国境を通って行くとき、パスポートも何もいりません。そうやって自由に隣の国に行き来しているわけですね。それをもっと世界的に現実化しないといけないということです。

それも経済的な問題だけではなくて、たとえば教育だったら、どこの国の子どもがどこの国の小学校に入ってもいいとか、どこの国の子どもがどこの国の大学に入ってもいいとか、というふうにです。つまり教育の自由化、教育の共通化ということをしないといけないでしょう。そうすれば、そのような教育を受けた人たちは、国境の概念のないグローバルな市民として、自然にすべての人がすべての人と兄弟姉妹のように交わり合うことができるかもしれません。

古代アテネは、その点でたいへん進んでいて、外国人を自由に受け入れました。だからアテネには、いわばその当時の世界中のインテリが集まったのです。現代では第二次世界大戦の際に、アメリカは迫害されたユダヤ人を大量に受け入れて、非常に文化的に進んだわけです。それも国境の壁を低くしたことによって実現したわけです。そういう意味ではビザなしでどの国にも旅行できるし、どの国に居住することも自由だというような方向に世界は向かっていかなければならないでしょう。

世界平和についてもうひとつ最後に言いたいことは、カントが『永久平和論』の中で提案した思想のことです。すなわち、各国が常備軍を撤廃して武力を国際連合政府に委ねなければ、世界平和は絶対に来ないということです。この考え方はカントの時代でも、そして現代でもまだ夢のような考え方ですが、この方向に人類が進んでいかないとだめだと思います。各国が自力で国を守るという考えを捨てない限り、国家と国家の間のエゴイズムがぶつかり合うという状態はなくなりません。

戦争が起こるときには、各国は自分の利益とエゴイズムを「正義」と称して他国を攻撃するのです。過去の戦争、歴史をみればその例に事欠きません。他国を攻撃するときは、どんな国でも自分の国が正義だと言うのです。だから、現在の国際社会というのは、まだまだ各国のエゴイズムがぶつかり合っている無法状態にあります。すなわち、力の強い国が力の弱い国を支配するという弱肉強食の状態にあるのです。それは、ちょうど戦国時代の日本が無法状態であったのと同じです。

これを乗り越えるにはどうするか。そのためには国単位の考え方を捨てて、諸国家の連合体政府を樹立するという方向に向かわなければなりません。行政単位としては国家というものは必要です。日本なら日本という国があり、韓国なら韓国という国があるということは行政単位としては必要ですが、グローバルな不正行為を処罰するということは国家単位で行なってはだめで、不正行為者の処罰は国際機関に委ねなければなりません。そのために武力を国際機関に集結する。今でも、国際法があるけれど、ただ名ばかりの法律で、実際の効力を何も持っていません。それは力による裏付けがないからです。各国が自分で軍事力を持っているから、国際機関の決議なんか無視して、自分のエゴイズムでもって事を処理するからです。

しかし、やがて人類は国際連合政府という方向に進みうるでしょう。それがありうると思うのは、たとえば日本という国を考えてみても、昔は物事を村単位で考えていました。それが領国単位とか藩単位に変わって、今はもう藩なんてなくなったわけです。日本中どこを旅行するのにも手形もいらないし、関所もありません。どこに住もうと誰の許可もいらないわけです。そういうふうになってきたのだから、これを国と国との間でやがて実現できないはずはないでしょう。世界のどこへでも自由に旅行して、どこにでも自由に住んで、教育も受けられれば、経済活動もできる。そこで、平和で豊かな生活を享受する。夢のような話ですが、そういう方向に向かって進めない理由はありません。

3 現代の政治哲学

†アリストテレスの理想的国制の原則

人間は本性的に共同体「ポリス (polis)」を作って生きる存在者ですが、まさにその共同体を構成する限りでの人間を市民「ポリスに住む者 (politēs)」と呼びます。では、市民とはどのような者でなければならないでしょうか。アリストテレスの政治思想では、市民とは「理性的存在者」として、個人としても共同体の構成員としても、自分自身や共同体のあり方を自律できる能力をもつ者のことです。自律できるとは、自分自身や共同体のあるべき理念原則を認識し、その理念原則の実現に責任をもちうるということです。そのことが、「人間が自由である」ということの意味なのです。

さて、ポリス共同体を構成するすべての市民は、以上に述べた意味で、自由です。そして、すべての市民は自由であるという点で平等なのです。人間が平等であるとは、能力や容姿や地位や財産が等しいという意味ではありません。そんなことはありえません。そうではなくて、自由であるという点で、すなわち自分と共同体のあり方を自ら決定する責任と権力を持つという点で、平等なのです。このことをアリストテレスは、「市民とは判決と統治（krisis kai archê）に与りうる者」という規定によって表現しています。すなわち、自分一個人の生き方については言うまでもなく、国家のあり方についても、司法、立法、行政のすべてにわたり、その統治に責任をとりうる者が市民なのです。

ところで、このような自治自律の能力をもつ者が市民ですが、そのような自律者が一人である場合が王制であり、少数の優れたエリートである場合が貴族制であり、共同体を構成するすべての民衆である場合がデモクラシーです。

デモクラシー（dêmokratia）とは、文字通り、民衆（dêmos）の支配（kratia）という意味です。そこで、デモクラシーの場合には、ポリスを構成するすべての民衆が、統治の主権者であるということになります。そして、人間を「理性的動物」と規定したアリストテレスは、当然、すべての人間に理性の所有者としての倫理的自律能力を認めたはずであり、したがって理想の国制としては、デモクラシーの方向へ向かったと言わなければなりません。

すなわち、すべての人間が理性の所有者であるかぎり、すべての人間は倫理的自律能力をもたねばならず、そうであれば、すべての人間はその点で平等でなければならず、そのような者の構成する共同体は、デモクラシー以外にはありえないということなのです。これが、アリストテレスの基礎付けた理想的な国制の原理です。

†ロールズの国家論の基本的構造

ヨーロッパの政治哲学は、以上に述べたアリストテレスの原理に則って展開してきましたが、それを現代において代表する政治哲学者がロールズ（一九二一～二〇〇二）です。したがって、まず、かれの国家論の骨格を確かめることにしましょう。

かれは現代という時代の診断から、その思索を展開します。現代は多元的な文化の並存する時代です。この多元性を一元化することは、もはや歴史的現実としてできません。一元的な文化の普及は、宗教的神政政治かイデオロギー的全体主義によってしか実現されえませんが、その可能性はもはやないでしょう。すなわち、異なった宗教、善の観念、美意識、人生観が、互いに他を侵害せずに共存しなければならないのです。

この思想的状況は、主として、ヨーロッパが宗教戦争の経験を通して学んだ寛容の原理、ギリシアにデモクラシーが創造されて以来、独裁者、帝王などの権力者と民衆との闘争を通して人類が流血とともに学んだ人権の原理、それに哲学的基礎を与えたもろもろの政治哲学思想の、現代における普遍的受肉です。現代は地球的な規模で異質の文化がぶつかり合う時代に入りましたが、それだからこの異質なものの共存が決定的に重要な問題になったのです。この共存の原理が正義です。

国家は思想、信仰、生き方の異なる人々から成る共同体ですから、共存の原理としての正義の実現にのみ関心をもつのです。言い換えれば、正義とは一言で言えば、人間が共同体を形成して協力するときの原理、つまり人間の自由と平等のことなのです（ちなみに、正義以外の善の諸要素、宗教、美意識、趣味、人生観などは、それぞれの人の主観に委ねられ、公的な問題にはなりません。多元的文化の具体的内容は、ある人々にとってそれがどれほど価値の高いものであっても、普遍性をもたない以上、社会の共通の公理にはなりえないのです）。だから、国家のあり方とは関係がないのです。

この点で、市民を有徳にすることをもって国家の究極目的としたアリストテレスの政治哲学から、現代の政治哲学は大きく隔たっているように見えます（しかし現代の政治哲学においても、正義の共同体の成立は各市民が公共的理性を分有することによって可能になるのですから、市民は、公共的理性という意味での倫理能力の所有を要請されているとは言えます。そしてアリストテレスが求めていた有徳性とは、まさに、この市民であることの条件としての「公共的理性」の所有であったと解することができれば、現代の政治哲学とアリストテレスのそれとの間に、本質的差異はないと言えるでしょう）。

こうして各人もしくは各民族は、自分自身の宗教や慣習を主観的な善としてもっとも大切にし、これを実現しなければなりませんが、それが成立しうる前提として、もろもろの異なった主観が共存しうる原理としての正義があり、その共存の広場が国家もしくは国際社会という共同体なのです。

以上から明らかなように、現代の国家論において共通の公理とは、自由で平等な市民という概念です。人間は、すでに自由で平等な市民なのではなくて、そういう者にならなければならないのです。自由とは、分かりやすく言えば「したいことをする力」ですが、哲学的に言えば「自己実現の力」のことです。人は、その内容がどんなものであれ、自分自身の善の観念をもち、それに基づいて自分の人生を形成しなければなりません(この考え方は、ノジック〈一九三八〜二〇〇二〉にせよテイラー〈一九三一〜〉にせよ、現代の政治哲学者に共通の前提です)。

しかし、この自由は他者の自由と共存しなければなりません。そこから、基本的人権が自己実現の条件として要請されてくるのです。信仰の自由、思想の自由、言論の自由、集会の自由、結社の自由、移動の自由、居住の自由、国籍変更の自由などは、他者と共存しながら生きる人間の、その幸福である自己実現のための条件として、すなわち、「各人がかけがえのない存在」であるという意味での「人間の尊厳」の条件として、要請されているのです。

これは、正義の絶対的な第一原理で、なにがあっても守り抜かなければなりません。経済的状況への配慮も、この原理を上まわることはできないのです。たとえば、国民を食べさせてゆくためには、人権の抑圧も仕方がないというような考えは許されないということです（なぜなら、人間の印は「自由である」という点にあるからです）。

平等とは、能力、容姿、財産、社会的地位などにおいて成立するものではありません。人間たちが異なった存在である以上、こういうことに差異があるのは、事実であるばかりではなく必然でもあるのです。それゆえ平等とは、共同体の構成員が共同体の市民であるための条件としての公共的理性を、最小限備えているということとして理解しなければなりません。つまり、正義の共同体を構成するためには、市民はみな公共的理性を備えていなければなりませんが、それを共有していることが、すべての市民が平等であるということの意味なのです。

公共的理性の内容は、自己実現のための知的倫理的能力をもつこと、換言すれば、自分自身の信奉する善を自覚し、それに基づいて自分の人生を形成しうる知性と倫理的責任能力をもつこと、同時に、自分がその中で生きるべき正義の共同体の社会構造を理解し、その共同体を実現するために力を尽くす知的倫理的責任能力をもつことです。それは教育によって育てられうるものですから、教育が市民の成立にとって決定的な重要性をもつことになるのです。

さて、しかし、このように自由な自己実現を目指す社会は、経済面においては自由主義市場経済になるから、能力差による所得の格差が必然的に生じてきます。これを是正するのが正義の第二原理です。この社会では、能力のある者は自由にその能力を発揮できなければなりません。社会主義社会の挫折から明らかなように、能力のある者が自由に発言し活動し改革できなければ、社会は活力を失い、全体として疲弊するでしょう。

ただし、それには条件があるのです。その条件とは、能力のある者の活動は、社会でもっとも恵まれていない者に最大の利益となるように機能しなければ、許容されないというものです。言い換えれば、能力のある人々の産みだした富は、相続税や累進課税などによって大幅に公共の目的のために吸収され、それによって社会全体が、もっとも恵まれない人々を保護するような体制を作るということです。老人介護制度も、もろもろの社会福祉制度も、年金制度もすべてこの考え方を基礎にして成立するものです。つまり、正義の第二原理とは、福祉国家を基礎づける原理なのです。

では、なぜ、能力のある者から富を課税という形で吸収し、これを社会的弱者の保護に回すべきなのでしょうか。それは、自分の存在は言うまでもありませんが、能力もまた理由なく偶然に (contingent) 与えられたものだから、これを私物化する根拠がないからなのです。すなわち、能力は社会の共有財産であると考えるべきなのです。ここにロールズ哲学の核心があります。

ロールズ自身は、哲学者としては自分をキリスト教徒とは言いませんが、プロテスタントの教育を受けて育ったとは言っています。おそらく、かれの発想の背景には、あの『マタイ福音書』第二〇章のブドウ園の労働者の話があるでしょう。一日中働いた者にも、夕方から一時間働いた者にも、同じ賃金が支払われるあの物語です。朝早くから雇われた者とは力の強い者であり、夕方になっても誰も雇ってくれなかった者とは、病気とか老齢とか虚弱のために役に立たない者であったに違いありません。

この正義の二原理は、原初状態（original position）という理論上の仮定的状態の中で人々が選び取った原理とされていますが、原初状態とは、人々が無知のヴェールによって、自分が何者であるかをまったく知らないという状態の仮定であって、言い換えれば、性も人種も能力も社会的地位も、自己本来のものと考えるべきではないという思想を視覚化した物語なのです。人種とか性とか才能とか階級とかにこだわる人は、そもそも自分の存在が理由なき偶然であることを忘れているのです。自分が無力な人間、抑圧された弱者、不可触賤民でもありえたことを忘れているのです。

以上で、ロールズの国家論の要点は素描したと思いますが、この思想の問題点は、正義と善の分離です。正義とは、要するに、自律的な生の基礎となる自由の原理と、福祉社会を可能にするための所得の再配分の原理のことですが、この二つの原理だけが、現代においてはあらゆる文化や思想に共通の前提でありうるという主張にほかなりません。善は、その多様性からいって、多元的文化社会の共通の基礎にはなりえないという思想なのです。

†ノジックの国家論の要点

ロールズの正義論の対極に位置するのがノジックの正義論です。ノジックにおいては、正義論におけるすべての根本原理は、絶対的な所有権です。すなわち、自分自身と世界の中の事物とに対する所有の権利です。私が同意するか、あるいは、私が他者の権利を侵害したために自分の権利を失ったのでなければ、誰も私の人格や財産に介入してはなりません。自由は、端的にこの自己所有権の帰結です。政治の領域で起こるあらゆる紛争を解決するためには、この原理で十分であるというのがかれの思想の要点なのです。

ノジックによれば、ある者を他者のために犠牲にすること、たとえば課税という形で、有能な者の働きを、そうではない者のための資源として利用することは不正です。この思想の核心にあるものは、人間には自分一個人だけで自由に処理できる絶対的権利というものがあり、社会福祉の考慮もこれらの諸権利を上まわることはできない、という考え方です。第一に、それは、人が自分の生命と自由についてもつ権利であり、さらに、所有物に対する権利です。

より具体的に言うと、人は暴行、攻撃、強制、詐欺を加えられない権利をもっており、また、交換、贈与、場合によっては自然からの占有、という一定の手続きを経ることによって私有財産を確保する権利をもっています。この権利は確固たる絶対的性格をもっていて、公共の福祉のためであれ、他のいかなる理由によってであれ、覆されてはならないのです。

このノジックの思想の基礎にはロックの思想があります。ロックによれば、人は、自分が適当と信ずるところに従って自分の行動を規制し、その財産と一身とを処理することができ、それについて、他人の許可も他人の意志に依存する必要もありません。自然状態において人々は平等かつ独立ですが、しかし自然法によって与えられた限界はあります。自然法とは理性の法であり、また神の法です。

すなわち、私たちはみな神の被造物であるという意味で平等な存在者であり、神によって世界に送り出され、神が欲するかぎりにおいてのみ生存できます。したがって、誰も他人の生命、健康、自由、財産を傷つけてはなりません。自然状態において、人々はこの制約に従うかぎり、適当と信ずるままに行動してよいのです。ロックはこの思想を、「人間は神の被造物である」という信仰によって基礎づけましたが、ノジックはこの基礎づけを除外して、自然権という内容のみを継承したのです。

さて、われわれは自然状態においてこういう諸権利をもつとしても、それらが尊重され、確保されるためには、法と法の執行機関による支えが必要でしょう。無政府状態においては、こういう権利を形式的にもつとしても、常に殺人や奴隷化や窃盗の恐怖のもとに暮らすことになれば、権利を享受することはできないでしょう。こうして、アナーキーでは自然権が保障されないから、法体系を制定する立法府と、それの適正な運用を監視する司法府と、それを執行する行政府の存在が要請され、ここに国家が成立するのです。

つまり、国家は自然法によって与えられた自然権を保護するために創られたのです。ノジックは、国家は自然状態から見えざる手によって、ごく自然に生成したと言います。すなわち、自然状態においては、各人の自由と自由がぶつかり合い、正義と正義がぶつかり合い、個人的な処罰や復讐が行なわれるが、それではどちらが正しいかも分からないし、費用もかかる。そこで、人々は自警団的組合を創るだろう。

しかし自警団同士のぶつかり合いは、ふたたび個人同士のぶつかり合いと同じ戦国時代的状況を生み出す——テロと処罰攻撃の横行する現代の国際社会が、この状況にある——であろうから、すべての自警団を統合した最大の自警団がすべての暴力を占有して、個人が武器を保有し暴力を行使することを禁止する。これが国家の成立です。すなわち国家の主要な任務は、治安の維持にあるのです。

ここで、ノジックの場合、正義の権利（entitlement）理論という思想が独特の国家観を生み出すことになります。その理論とは、「正しい状態から随意的な段階を踏んで生ずるものは、なんであれ正しい」というものです。すなわち、随意性が正義の十分条件なのです。ある譲渡移転が正当なのは、それが随意的である場合であり、またその場合に限ります。ここから、どのようなパターンであれ、それを強制することは、随意性を本質とする正義を否定することになるという帰結が出てきます。

パターンとは社会の人工的な体制のことです。パターンの強制は自由を制約する。ロールズの正義論における配分の原理は、この意味でパターン的正義だとノジックは言うのです、それは、誰かの取り分が多すぎないように、常に監視を行ない、随意的な活動の結果を匡正するために、恒常的な介入を行なうということです。ノジックの主張では、課税によるパターンの維持は、人々の生活への恒常的な干渉にほかなりません。勤労収入への課税は、強制労働と変わりがないとまでかれは言っています。

ただし、ノジックの思想の元になっているロックにおいては、人に獲得の自由があるのは、「他の人々にも十分に、同じようにたっぷりと、大地もその果実も残されている限りにおいてである」という条件がついています。もし他の人々が望めば、かれらも占有できるくらいに同種のものが十分に残されているのでなければ、人は何かを占有してはなりません。ここから分かるのは、ノジックの主張するような移転の随意性だけでは、移転が正当であるために十分な条件が与えられているとは言えないということです。

所有物に関する正義は、もはや純粋にその獲得の手続きの問題ではなく、社会契約説の元祖ロックにおいて、すでに共同体における全体的な所有物の配分にも留意しなければならない問題であったことが分かるでしょう。また、国家の役割がただ治安の維持のみに限られたとしても、この種の最小国家の維持のための税金は必要であり、この点はノジックも認めざるをえません。

ノジックの超自由主義は、とくに経済効率を目指しているからではなくて、むしろ一個人としての人間の絶対的権利の尊重に基づいて発想されているのです。したがって、かれの思想は、自由主義市場経済に必ずしも結びついているわけではありません。市場経済から離脱して、経済的にきわめて非効率的な共同体を構成することが市民の随意的な決断であるならば、それに反対する理由をノジックはもたないでしょう。

すなわち、成人が自由意志にもとづいて自分の時間と空間において為すことは、すべてかれら自身の問題なのです。これが、ロールズの福祉主義的自由主義とは異なる、ノジックの超自由主義です。ノジックの考えでは、有意味な生の重要な要素は自由、自律、理性、個人の自己実現です。重要なことは、他者の権利を侵害しないかぎり、いかなる生き方も絶対的に禁止されることはないということなのです。

†共同体論者テイラーの立場

ロールズもノジックも個人から出発し、その個人の合意として国家を考えようとしますが、テイラーは基本的にこのような考え方に反対し、現代の災いの元に、より大きい包括的地平を失った個人主義があると言います。かれは社会契約論者をアトミストと呼んでいます。アトミストとは、個人がまず独立に存在し、かれらが自分自身だけで固有の権利をもち、そういう個人が約束によって社会を創るという思想の持ち主のことです。もちろん、テイラーによれば、ロールズもノジックもこのカテゴリーに入ります。

ところで、テイラーによれば、権利とはなんらかの能力を前提しています。ある能力の発展伸長が求められるということが、権利の意味なのだと言います。だから、能力のないところに権利はありません。しかし、それなら、人権の基礎になっている人間の能力とはなんでしょうか。人間には、動物とも共通な感覚的能力があります。だが、これが人権の基礎にある能力とは言えないでしょう。

人権とは、思想、信仰、企業、結社、移動、所属などの自由であり、これらは私たちが生まれながらに自然的に持っている能力ではなくて、すべて文明化された社会の中で育成された能力を前提しているから、ある一定の社会の生き方がそれに所属する個人に人間としての権利を与えている、と考えるべきだと言います。すなわち、思想、信仰、企業などの自由は、自由主義的民主主義の社会において始めて成立する権利であり、この社会的背景がなければ、これらの権利は想像することもできません。

それゆえ、人間は先ず社会的動物であることによって、権利を主張しうる存在なのです。社会の先行性が権利成立の前提なのです。美術館があり、音楽会があり、大学があり、教会があり、言論の自由があり、普通選挙があり、国会があり、裁判所があり、権力者の定期的交代があり、企業の自由があり、などなどの諸々の社会構造を土台にして人権は成立しているのであり、だから、われわれが守らなければならないのは、まずこのような社会構造なのだと言うのです。

「自由の価値を肯定する」ということは、このような社会に己を賭けるということにほかなりません。ただ食べてゆくだけならば、人は全体主義社会の中でも生きてゆけます。しかし、それは言論の自由を放棄し、独裁権力の奴隷となるかぎりにおいてです。人間の生を諦める限りにおいてです。

このテイラーの考え方がアリストテレスの思想を基礎にしていることは明らかですが、それはここでは措くとして、かれの発想の一つの動機であるロールズやノジックに対する批判は、正鵠《せいこく》を射ているでしょうか。

おそらくロールズやノジックは、いま述べたテイラーの主張を全部認めるでしょう。それから、「それでどうした」と言うでしょう。テイラーは市民の価値（自由と平等）についてロールズやノジックの言うことを全部前提しています。つまりテイラーの主張には、もっとも重要な点について独創性が乏しいのです。

これらの価値の背後に能力があり、能力の背後にはそれらの能力を育成した社会があるということは言ってもよいが、それは単なる重複であって反論にはなりません。なぜなら、そのような社会を成立させているものがこのような能力であり、その基礎となる価値観であるということも、また言わなければならないからです。すなわち、ここには根源的な循環があるのです。

第二に、かれらを個人主義者と呼ぶことは、特にロールズに対しては妥当しません。ロールズは、正義の社会を成立させる、現代における三つの基本的な直覚観念の一つとして、「協同の公平な体系としての社会（society as a fair system of cooperation）」という観念を挙げています。つまり市民の観念は、すでに同時に、「協同の公平な体系としての社会」という観念と根源的に連結しているのです。――ちなみに、後の二つの基本的な直覚観念は、「公共的な正義の観念によって効果的に規制された社会」と「自由かつ平等な人格としての市民」というものです。――ロールズ自身も、かつて、「共同体論者は私と同じ内容のことを言いながら、なぜ私を批判するのか解らない」と言ったことがありました。

第三に、ロールズやノジックには明確な国家論がありますが、テイラーは批判するばかりで、どのような国家を理想とするのか具体的なことはなにも言っていません。

以上、共同体論者の立場を消極的に評価せざるをえない理由を述べましたが、しかしかれらには、伝統的な考え方を甦らせて現代の危機を克服しようという激しい意欲があります。その点に最後に触れて、締めくくりとしましょう。

私たちが生きている世界は、人々が自分自身の生活のスタイルを、自分自身で選ぶ権利をもっていると考えている世界です。どのような信念を持つかは各人が決めるのです。昔は、人々は自分自身を、神にせよ、宇宙にせよ、自然にせよ、より大きな秩序のうちに抱かれた、その一部分と見ていました。現代人の自由は、これらの秩序から離脱することから生じたのです。かつては、これらの秩序が個人と社会生活に意味を与えていたのです。

しかし、より大きな社会的宇宙的地平を失うことによって、人はなにか重要なものを失ったのではないでしょうか。人々はもはやより高い目的についての感覚をもたず、そのために死ねる何ものかについての感覚をもっていません。われわれは情熱を欠いているのです。キルケゴールは現代を情熱の欠如の時代と見ました。『ツァラツーストラ』で語られるニーチェの末人は、この没落の最底辺にいる人間を象徴しているでしょう。ニーチェの罵る末人は「わずかな教養と、健康と、少量の快楽から成る小さな幸福」のほかには人生になんの期待ももっていません。人々は小市民の生の小さな満足に専心し、それによって広い視野を失い、情熱をかたむけるべき理想を失い、人生を平板化し、貧弱にしてしまったのです。

現代に蔓延している価値に関する主観主義においては、ものごとはそれ自身で意味をもつのではなく、私たちがそれを有意味だと思うから、意味をもつことになります。あたかも、私たちが選択することによって、あるいは、ただそう思うことによって、何が有意味であるかを決めうるかのようです。しかし、だれかがある思いを抱くことは、その人の思いが有意味であることの十分な根拠にはなりません。なぜなら、人の思いは、なにが有意味であるかを決定できないからです。

すべての人の思いを真理とするプロタゴラスの立場は、プラトンが批判したように、自分自身の否定に到らざるをえないのです。なぜなら、プロタゴラスの立場を否定する立場をも真としなければならないからです。相対主義では、すべての選択は等値です。そうなると、プラトンの言い草をここで借りれば、賢人と愚者の区別もなくなり、それどころか人間と豚の区別もなくなり、すべては混沌として等価ということになるでしょう。このことの含意することは、選択された事柄自体にはなんの価値もないということなのです。

しかし、ある選択されたことがらが他の選択されたことがらよりもそれ自体としてより意味があるのでなければ、「自分が選択する」という観念自体が些《さ》末《まつ》なこと、ほとんど無意味なことへと落ち込んでしまうでしょう。昼飯にカレーライスを食べるかラーメンを食べるかは、どちらを選択したところで大した意味はありません。理想であるはずの自己選択が意味をもつのは、ただ、あることが他のことよりも重要であり、それ自体として意味があるからです。

別様に言えば、私は、ただ私の自己同一性を、つまり本来的な自己を、重要な事柄を背景にしてのみ規定することができるのです。歴史的状況、地球環境の要請、発展途上国の苦境、市民の義務、神の召命、もっと身近な問題に目を注いでも、隣人の苦しみ、不正への抵抗などなど、なにかこのような自分を超えるものが決定的に問題になるような世界の中でのみ、私は自分自身のために些末ではない自己のあり方を規定できるのです。本来性は、このような要求を前提にして成立するのです。

共同体論者に少し肩入れして、かれらの立場を代弁しましたが、テイラーは現代が文化的多元性の時代であることを容認しながらも、なおロールズやノジックの主張するような善の観念の主観性あるいは相対性を克服し、単に「自由である」というような内容の希薄な観念によってではなく、自然の要請とか、特定の共同体の伝統とか、特定の宗教というような濃厚な内容をもつ価値規定によって、人間の自己同一性を実質的に基礎づけようとしているのです。

あとがき

初出一覧から明らかな通り、本書は、この一〇年ほどの間になされた講演や学会での研究発表の中から、「よく生きる」という問題に関わりのあるものをまとめたものです。私は哲学に携わった当初から、一貫してこの問題に関わり続けてきましたので、特殊な学問研究の場以外の講演においても、私の問題意識は一貫しています。

ソクラテスは生涯無知を語りつづけましたが、ソクラテスの言う意味で、私も己の無知を自覚している者です。ここに、私のとりあえずの人生観を江湖のご批判にさらすことにより、私が己の無知をさらに思い知らされ、真理への接近のさらなる一歩にできれば、これに過ぐる幸いはありません。

今回、筑摩書房の湯原法史さんに声をかけていただいたことを機会に、この問題に関する私の肉声を、このような形で公にすることができたことは大きな喜びであり、また感謝にたえません。

二〇〇五年一〇月　亘理にて　岩田靖夫

読書案内

第一章　幸福

福沢諭吉『福翁自伝』（岩波文庫）　日本の自伝文学の最高傑作の一つ。合理主義者とはいかなる人間かがよく分かる。

福沢諭吉『学問のすすめ』（岩波文庫）　「人間の自由と平等」が、封建社会の身分制度と戦いつつ、いかにして開国直後の日本に導入されたか、その目くるめく精神的ドラマ。

アリストテレス『ニコマコス倫理学』（上下、高田三郎訳、岩波文庫）　ヨーロッパ倫理思想の基礎を形成した古典。幸福を自己実現とする思想の原基。

「貝の火」（『宮沢賢治全集』5所収、ちくま文庫）　いかにして人は善から悪へ転落するか。この童話は宮沢賢治の思想の一つのポイントを示している。

ジャン・ヴァニエ『小さき者からの光』（長沢道子訳、あめんどう）　あらゆる意味での弱者、敗者は、単に庇護されるべき存在ではなく、人間に生の意味を教える存在でもある。この逆説を、深い説得力をもって語る。

ドストエフスキー『カラマーゾフの兄弟』（原卓也訳、新潮世界文学全集15）

カント『啓蒙とはなにか』（篠田英雄訳、岩波文庫）　自律的人間であることの根拠が理性の使用であることを説く。

パスカル『パンセ』(由木康訳、白水社)
「よだかの星」(『宮沢賢治全集』5所収、ちくま文庫) 生きること自体が他者を押しのけることである。このことに苦しんだ宮沢賢治には自殺願望があった。それをよく表した童話。
エピクテートス『語録・要録』(鹿野治助訳、世界の名著14、中央公論社)
プラトン『ソクラテスの弁明 クリトン』(久保勉訳、岩波文庫) 無神の者として告発されたソクラテスが、法廷で、真の神の命令に従った自分の人生を説く。哲学とはなんであるか、を知るための不滅の書。
プラトン『パイドン――魂の不死について』(岩田靖夫訳、岩波文庫) 死刑執行の日に、牢獄に集まった弟子たちと交わす「霊魂不滅」についての不滅の対話。
プラトン『ゴルギアス』(加来彰俊訳、岩波文庫) ソクラテス・プラトンの倫理思想の構造的原型が明確に語られた書。超禁欲主義の世界像。

第二章　他者

プリーモ・レーヴィ『アウシュヴィッツは終わらない』(竹山博英訳、朝日選書151) アウシュヴィッツ収容所の言語を絶する悲惨の証言。

吉野秀雄『良寛　歌と生涯』(筑摩書房) 良寛の思想と生涯に関する信頼できる入門書。

『ルカによる福音書』(新共同訳聖書、日本聖書協会)。

ニーチェ『悦ばしき知識』(信太正三訳、ニーチェ全集8、ちくま学芸文庫)

ニーチェ『ツァラトゥストラ』（手塚富雄訳、世界の名著57、中央公論社）　ニーチェの主著。象徴的・比喩的言語で書かれているので、理解には相当の努力を要するが、この書の中にニーチェのすべてが入っている。

ドストエフスキー『カラマーゾフの兄弟』（上掲）　ドストエフスキーの中には一九世紀の全思想が入っている。無神論については、イワンとアリョーシャの対話参照。

レヴィナス『倫理と無限』（原田佳彦訳、朝日出版社）　ラジオで放送されたレヴィナスの対談。難解なレヴィナス哲学へのもっとも分かりやすい入り口。

岩田靖夫『神の痕跡』（岩波書店）

岩田靖夫『神なき時代の神』（岩波書店）　現代において、信仰は、世界の無神性を引き受けた後でなければ、真実にならない。このことを、レヴィナスの思索から暗示する。

第三章　神

ホメロス『イリアス』（上下、松平千秋訳、岩波文庫）

ホメロス『オデュッセイア』（上下、松平千秋訳、岩波文庫）

エウリーピデース「ヒッポリュトス」（川島重成訳、『ギリシア悲劇全集』5所収、岩波書店）

エウリーピデース「メーデイア」（丹下和彦訳、『ギリシア悲劇全集』5所収、岩波書店）

エウリーピデース「バッカイ」（逸身喜一郎訳、『ギリシア悲劇全集』9所収、岩波書店）

ヘシオドス『神統記』（廣川洋一訳、岩波文庫）　ギリシアの八百万の神々の誕生の系譜を述べたものであるが、その内実は原初の宇宙生成論である。
『ソクラテス以前哲学者断片集』（内山勝利編集、全六冊、岩波書店）
バウラ『ギリシア人の経験』（水野一・土屋賢二訳、みすず書房）　出版当時、イギリスでベストセラーになったギリシア文明への入門書。現世を謳歌するギリシア人がよく描かれている。
ドッズ『ギリシア人と非理性』（岩田靖夫・水野一訳、みすず書房）　理性主義者と思われているギリシア人のうちにある非理性的なものの力と働きを明らかにした書。
河合隼雄『深層意識への道』（岩波書店）　ユング派の精神分析学者である著者が、いかにして、人間の根底にあって人間を動かしている無意識に到達し、治療に成功したかを、自伝風に語った面白い読み物。
プラトン『国家』（藤沢令夫訳、岩波文庫）
プラトン『ソクラテスの弁明　クリトン』（上掲）
プラトン「エウテュプロン」（今林万里子訳、『プラトン全集』1所収、岩波書店）　敬虔についての対話。ヨーロッパ最初の神学。
プラトン『プロタゴラス』（藤沢令夫訳、岩波文庫）
鈴木大拙『妙好人』（法蔵館）　初版は昭和二三年に出版された。世界に妙好人の霊性を知らしめた名著。特に、浅原才市に集中した研究。
柳宗悦・衣笠一省編『妙好人因幡の源左』（百華苑）
梅原猛『梅原猛の歎異抄入門』（プレジデント社）　『歎異抄』の原文対比の現代語訳。梅原氏の分かりやすい解説がついている。

楠　恭・金光寿郎『妙好人の世界』（法蔵館）

楠　恭『妙好人を語る』（NHKライブラリー）　この両著は、幕末から現代にかけて各地に輩出した妙好人の特色ある人生を興味深く、また、簡潔に紹介している。

栗田勇『道元の読み方』（祥伝社）　自分自身の体験を織り交ぜた、道元の興味深く分かりやすい解説であるが、究極のところ、禅と浄土教は同じ信仰である、と説かれている。

中村元・奈良康明『仏教の道を語る』（東京書籍）　仏教の教義ではなく、その思想を、現代人の観点から語り合ったもの。

『聖書』（新共同訳、日本聖書協会）

岩田靖夫『神の痕跡』（上掲）　ハイデガーの存在もレヴィナスの無限も、現代における神の探求であることを論ずる。特に、レヴィナスにおいて、人間は神の痕跡として「無限の高さ」をおぼろげに宿すことを示唆する。

岩田靖夫『神なき時代の神』（上掲）

宮本久雄『福音書の言語宇宙』（岩波書店）　イエスの喩え話の解読により、かれの教えが宗教的全体主義の破壊であり、また、かけがえのない個の救済であることを示す。

第四章　社会

プラトン『国家』（上掲）　哲学に関心のある者にとって必読の古典。人生とはなんであり、政治とはなんであり、哲学とはなんであるかが、真正面から、仮借なく、考察される。

アリストテレス『政治学』(牛田徳子訳、京都大学出版会)　ヨーロッパ政治哲学の基礎となった古典中の古典。とりわけ、デモクラシーの理論的基礎の究明がこの書の核心。

岩田靖夫『倫理の復権』(岩波書店)　ロールズ哲学の理論構造を、主として後期の「多元的文化の共存」の立場から、究明する。

ロールズ『公正としての正義』(田中成明編訳、木鐸社)　ロールズの主要論文の編訳で、かれの哲学の要点が分かる。

ウルフ『ノージック』(森村進・森村たまき共訳、勁草書房)　ノージック哲学についての分かりやすい解説。

テイラー『マルチカルチュラリズム』(佐々木毅他訳、岩波書店)　多元的文化主義とはなにかがよく分かる。

初出一覧

第一章　幸福

1　生きる（『仙台白百合女子大学カトリック研究所論集』第八号、二〇〇三年三月、九三―一一四頁）、二〇〇三年度仙台白百合女子大学卒業記念講演

2　幸福とはなにか（『仙台白百合女子大学カトリック研究所論集』第七号、二〇〇二年三月、一〇三―一一六頁）、二〇〇二年度仙台白百合短期大学卒業記念講演

3　ソクラテスにおける「生」と「生のかなた」（岩田靖夫、塚本啓祥共編『人間　その生と死』平楽寺書店、一九九三年、三―一九頁）、一九九二年度東北大学開放講座（東北放送ラジオ講演）

第二章　他者

1　孤独の突破（『仙台白百合女子大学カトリック研究所論集』第七号、八七―一〇二頁）、二〇〇一年度仙台白百合短期大学新入生講演

2　人間の高さ（『清泉女子大学キリスト教文化研究所年報』第九巻、七七―一〇一頁）、第一八回清泉女子大学公開講座「土曜自由大学」講演

第三章　神

1　ギリシア人の神（『宗教と文化』第一九号、聖心女子大学キリスト教文化研究所、一九九九

年三月、一―一七頁)

2 ソクラテスの神(『仙台白百合女子大学カトリック研究所論集』創刊号、一九九五年三月、九―一九頁)、カトリック研究所開所式講演

3 妙好人と絶対他力(『仙台白百合女子大学カトリック研究所論集』第九号、二〇〇五年三月、三七―六四頁、原題「希望」)、二〇〇四年度仙台白百合女子大学卒業記念講演

4 他者を求める神(『仙台白百合女子大学カトリック研究所論集』第八号、二〇〇三年三月、一一五―一二〇頁)

5 神の高さと低さ(『仙台白百合女子大学カトリック研究所論集』第八号、二〇〇三年三月、一二一―一二六頁)

第四章 社会

1 市民の概念と人間の平等(『思想』九〇一号、岩波書店、一九九九年七月、一―三頁(思想の言葉))

2 デモクラシーの基礎と未来(『人間会議』第二巻「政治に哲学を」、宣伝会議、二〇〇一年七月、一六〇―一六八頁、原題「哲学者はこう考える」)

3 現代の政治哲学(『中世思想研究』第四二号、創文社、二〇〇〇年九月、一四三―一五二頁)。第四一回中世哲学会シンポジウム「中世哲学と現代――国家と正義」提題論文、原題「現代の政治哲学における主要な論点と問題点」

ちくま新書
564

よく生《い》きる

二〇〇五年一一月一〇日　第一刷発行
二〇一一年　九　月一五日　第三刷発行

著　者　岩田靖夫（いわた・やすお）

発行者　熊沢敏之

発行所　株式会社 筑摩書房
東京都台東区蔵前二-五-三　郵便番号一一一-八七五五
振替〇〇一六〇-八-四一二三

装幀者　間村俊一

印刷・製本　株式会社 精興社

乱丁・落丁本の場合は、左記宛にご送付下さい。
送料小社負担でお取り替えいたします。
ご注文・お問い合わせも左記へお願いいたします。
〒三三一-八五〇七　さいたま市北区櫛引町二-六〇四
筑摩書房サービスセンター　電話〇四八-六五一-〇〇五三

ISBN978-4-480-06268-0　C0210

ちくま新書

107
空海入門
――弘仁のモダニスト
竹内信夫
空海は日本仏教の基礎を築いただけでなく、事業家としても大きな足跡を残した。古代日本の激動期を文化の設計者として生きた空海の実像を描くユニークな入門書。

508
前衛仏教論
――〈いのち〉の宗教への復活
町田宗鳳
仏教とは、あらゆる束縛から私たちを解き放つエネルギーだ。閉塞した日本仏教への大胆な提言を交え、命そのものを慈しむ思想としてのおおらかさを再発見する。

445
禅的生活
玄侑宗久
禅とは自由な精神だ！　禅語の数々を紹介しながら、言葉では届かない禅的思考の境地へ誘う。窮屈な日常に変化をもたらし、のびやかな自分に出会う禅入門の一冊。

615
現代語訳　般若心経
玄侑宗久
人はどうしたら苦しみから自由になれるのか。言葉や概念といった理知を超え、いのちの全体性を取り戻すための手引を、現代人の実感に寄り添って語る新訳決定版。

579
仏教 vs. 倫理
末木文美士
人間は本来的に公共の倫理に収まらない何かを抱えている。仏教を手がかりに他者・死者などを根源から問い直し、混迷する現代の倫理を超える新たな可能性を示す。

630
一神教の闇
――アニミズムの復権
安田喜憲
環境破壊を生み出す畑作牧畜文明に対して、稲作漁撈文明は調和型文化を築いた。循環型システムを構築し、自然と平和を再生するハイテク・アニミズム国家の可能性。

744
宗教学の名著30
島薗進
哲学、歴史学、文学、社会学、心理学など多領域から宗教理解、理論の諸成果を取り上げ、現代における宗教的なものの意味を問う。深い人間理解へ誘うブックガイド。